社会保险基金预算管理

隐性债务计量与预算实践

张 岌·著

图书在版编目（CIP）数据

社会保险基金预算管理：隐性债务计量与预算实践/张岌著 .—北京：知识产权出版社，2022.8
ISBN 978-7-5130-8181-8

Ⅰ.①社… Ⅱ.①张… Ⅲ.①社会保险—基金—预算管理—研究 Ⅳ.①F840.61

中国版本图书馆 CIP 数据核字（2022）第 087017 号

策划编辑：庞从容　　责任校对：谷　洋
责任编辑：赵利肖　　责任印制：孙婷婷

社会保险基金预算管理：隐性债务计量与预算实践
张　岌　著

出版发行	知识产权出版社 有限责任公司	网　　址	http://www.ipph.cn
社　　址	北京市海淀区气象路 50 号院	邮　　编	100081
责编电话	010-82000860 转 8725	责编邮箱	pangcongrong@163.com
发行电话	010-82000860 转 8101/8102	发行传真	010-82000893/82005070
印　　刷	北京建宏印刷有限公司	经　　销	新华书店、各大网上书店及相关专业书店
开　　本	880mm×1230mm　1/32	印　　张	5.875
版　　次	2022 年 8 月第 1 版	印　　次	2022 年 8 月第 1 次印刷
字　　数	155 千字	定　　价	78.00 元
ISBN 978-7-5130-8181-8

出版权专有　侵权必究
如有印装质量问题，本社负责调换。

本书系国家自然科学基金项目"社会保险基金隐性债务规模控制及预算管理优化研究"(项目批准号：71704146)成果

目录

001 第一章 导　论

　　1.1 研究问题 / 001

　　1.2 研究意义 / 007

　　1.3 结构概览和创新 / 011

017 第二章　文献评述和研究方法

　　2.1 财政风险理论综述：社保基金与隐性债务 / 017

　　2.2 社会权利理论综述：权利与资金的关系 / 020

　　2.3 社保制度构建与资金分配理论综述 / 023

　　2.4 社保基金预算管理：理论与实证结果概述 / 025

　　2.5 文献总结与推进 / 026

　　2.6 研究方法 / 028

031 第三章　全球社会保险基金预算的发展和趋势：西方与中国

　　3.1 西方福利国家的社保基金预算实践 / 032

　　3.2 中国社会保险基金预算实践：历史与现时 / 039

072 第四章　中国社会保险基金隐性债务规模计量模型与分析：
　　　　　以城镇职工养老保险为例

　　4.1　宏观经济社会历史与现实描述（1970—2019 年）／ *072*

　　4.2　社保基金隐性债务模型和基本假设：以城镇职工养老
　　　　保险为例／ *077*

　　4.3　精算结果与分析／ *092*

　　4.4　小　结／ *097*

099 第五章　社会保险基金预算模式与行动逻辑研究：
　　　　　基于两个市的双案例研究

　　5.1　A 市社会保险基金预算管理过程／ *102*

　　5.2　D 市社会保险基金预算管理过程／ *106*

　　5.3　地方政府社保基金预算的行为逻辑：体制困境与激励
　　　　行为／ *109*

128 第六章　重构中国社会保险基金预算管理：优化与创新

　　6.1　中长期预测框架与基准情境／ *129*

　　6.2　预算监督与绩效预算／ *131*

　　6.3　预算透明／ *133*

135　参考文献
147　附　表
180　后　记

第一章 导 论

1.1 研究问题

社会保险（以下简称"社保"）涉及"人"和"公平"，是社会权利的制度体现，是政府对人民持续的、法定的承诺。在西方发达国家，第二次世界大战（以下简称"二战"）后的经济繁荣，推动了社会保险体系的快速发展。当时政府普遍相信好时光将继续下去，各种政府承诺是可以实现的，因此通过提供养老保险、事业保险、残疾保障金、医疗保险、家庭和儿童补助等计划为个人和家庭提供收入保障和补助（Schick，2003）。1960年，经济合作与发展组织（Organization of Economic Cooperation and Development，OECD）国家社保支出占 GDP 比例为 6.9%（Schick，2003），1980 年，这一比例翻了一倍多，达到了 14.4%（OECD，2020）。近 60 年后的 2018 年，国家社保支出占 GDP 的比例上升到了 20.05%（OECD，2020），基本占到了 GDP 的 1/5 左右，而在某些欧洲福利国家（如瑞典、芬兰和法国）这一比例更高，达到了 30% 左右（OECD，2020）。事实上，在 OECD 国家政府总支出中，社保支出已经占了一半，而它在中央政府支出中占的比例则更高，在某些国家达 2/3，已然成为发达国家的主要支出责任（Schick，2003）。高额的社保支出对国家财政能否可持续形成了一项新的挑战。这是因为：社保计划是中长期政策，时间跨度较长，伴随着人口老龄化和社会结构的快速变迁，其支出和需求之间的矛盾日益凸显。主要表现为社保收入与结余无法用于支付现时和未来刚性支出，从而使得资金变得不可持续，形成"结构性"缺口（杨超、谢志华，2019）。这些事件发生的概率以及履行未来责任所需的政府支出规模难以预测（白海娜，2003），从而易于产生隐性负债，造成财政风险（如2008年欧洲的债务危机和过高的福利支出密切相关）。这种债务往往被视为一种政府道义上应该偿付的责任，它主要产生于公众预期、政治压力和社会理解意义上的应由政府承担的义务（如未来养老金缺口）。区别于其他类型的债务，社保基金隐性债务具有代际累积性（如养老金）、递延性（医疗保险和养老金）的特征，因此对宏观经济的稳定以及政府公平的实现也提出了更大的挑战（张岌，2017）。由此可见，构建和发展合理的社保资金分配机制以规避隐性债务风险、保障财政可持续就显得非常的关键。

自2007年起，西方理论界和实践界就开始大量探讨将预算管理引入社会保险运营的问题、发展社保基金预算（Clarke，2010）和控制隐性债务风险。社保基金预算要求政府或社保基金机构在各种社会经济情形下，做出合理的收支预测，并同时覆盖资金自然增值和通货膨胀成本（杨超、谢志华，2019），以便在中长期预算框架内估计可获得收入能否满足现时和未来的刚性社保支出需求，从而达到收支平衡、防范隐性债务风险的目的（White，2005），最终保障财政可持续和资金的纵向公平（社保基金的成本收益在代际间合理配置）。特别是在步入后金融危机时代之后，经济增长放缓，财政收入增长难以跟上财政支出的步伐，财政压力不断加剧（见图1.1）。相对于经济高速发展时期，经济状况不佳有可能使得政府难以兑现社保承诺或者有理由去逃避承诺（Schick，2003），最终导致隐性债务风险不断攀升。针对于此，西方各国为了更好地实现财政可持续，纷纷改革社保政策或强化预算管理手段，如削减社保支出、调整退休年龄、发展中长期预算框架、采用绩效预算加强预算过程管理等，以纾困财政、控制隐性债务规模，减少对宏观经济社会的稳定和财政可持续的冲击。

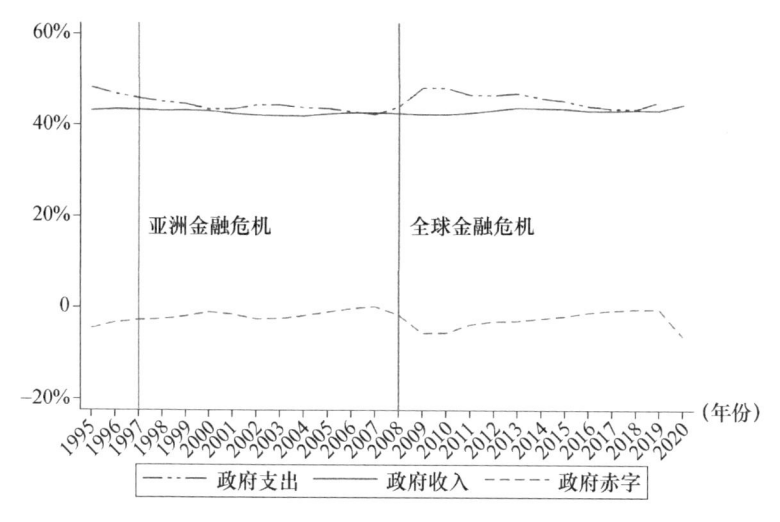

图1.1 OECD国家财政收支变化趋势（1995—2020年）

说明：鉴于数据不全，图1.1中所指的OECD国家包括了奥地利、比利时、捷克斯洛伐克、丹麦、芬兰、法国、德国、希腊、匈牙利、爱尔兰、意大利、卢森堡、新西兰、挪威、波多黎各、斯洛伐克、西班牙、瑞典、瑞士、英国、美国、爱沙尼亚、斯洛文尼亚、拉脱维亚、立陶宛。图中数据是这些国家每年GDP占比的平均值。

资料来源：根据OECD（2021）"Government at Glance"数据整理而得，具体数据参见 https://data.oecd.org/gga/general-government-spending.htm#indicator-chart.

相较于其他国家，中国社保基金预算管理起步较晚，并受到国家社保体系建设与改革的影响。早在1998年社保改革之前，中国并不存在普适性的、针对个体的社会保险框架，相反，在计划经济体制下，国家建立了由单位（国企占主导）直接提供的、保障城镇职工的"单位福利主义"来实现社会福利的供给。由于城镇企业单位已经承担了包括社保支出在内的主要社保职责，因此，"社保支出在政府整体财政框架之中被看成是一个可以忽略的部分"（Clarke，2010）。

但是，到了20世纪90年代后期至21世纪初，伴随着经济转轨，特别是国有企业改革导致的劳保体系坍塌，全国统一的劳动力市场开始形成，以个人为基础的社保体系迅速扩大，国家开始建构社保框架以应对经济转型所带来的诸多问题，保障社会稳定和公平。经过多年的发展，社保收支不仅成为财政体系中难以忽略的部分（Clarke，2010），而且其健康状况（是否平衡）也对政府宏观财政稳定产生了重要影响，从而影响国家的社会治理。这主要表现在两个方面。第一，由于在改革早期，社保体系建立主要是为了配套经济改革[1]（岳经纶，2008），从而具有"生产主义"的特征和"工具理性"的倾向（Cook，2003；彭宅文，2009）。由于缺乏整体性和发展性社会政策理念，各种社会保险项目，如失业保险、养老保险、医疗保险等分险种在不同所有制的企业推行，制度安排分散（岳经纶，2008），并在不同身份群体、不同统筹层次之间呈现出了碎片化的社保基金模式（例如，费率和费基的差异），增加了社保基金配置的复杂性和失衡。

---

[1] 社保改革和市场经济改革中的其他改革一样，主要围绕着市场化所带来的各种问题而展开，如国有企业改革导致劳保体系坍塌、失业下岗造成的社会不稳定等。

在改革后期，虽然调整了改革方向，试图构建整体性和发展性的社会保险框架，以建立更加公平的"社会中国"（岳经纶，2010），但是，在双轨制的道路上，养老空账问题又使得隐性债务规模激增，从而影响到社会代际配置的公平性。第二，从1996年起，我国社保资金就一直按预算外资金管理制度进行管理〔见《国务院关于加强预算外资金管理的决定》（国发〔1996〕29号）〕，专款专用，缺乏预算约束，从而导致了社保基金违规、腐败和穿底现象频出，影响资金配置的公平性和可持续性。这些社保改革和预算管理上的问题，再加上社会经济人口的变迁，如人口老龄化、经济周期与失业增长等现象，共同导致社保基金逐渐难以满足社会的需求，需求的扩张和无序的预算管理最终使得许多城市陷入了赤字，从而威胁到中央和地方政府的财政稳定（王燕等，2005）和财政可持续。

社保基金，作为人民的"保命钱"，其财政状况及资金行为关系着整个社会的稳定和发展，也是实现社会权利的重要保障手段。如果没有理性而公平的社保基金预算管理，不硬化预算制度和规范财政纪律，财政很快就会难以为继，从而造成社会不稳定，影响社会公平。为了更好地规范社保基金行为，实现财政可持续，2010年出台了《国务院关于试行社会保险基金预算的意见》（国发〔2010〕2号）要求在全国范围内按照统筹地区单独编制社保预算、规范官员行为、平衡基金账户、确保资金安全有效。2013年，社保基金预算开始提交人大审查。2014年，《预算法》修正案进一步提出，政府须建立包含社保基金预算在内的"四本账"，发展全口径预算管理体系。

和其他"三本账"相比，社保基金收支均回归个体而非部门，其预算总额控制也难以进行直接的现金削减，而是需要通过立法控制和调整权利门槛（Clarke，2010），因而会产生较高的政治成本且会触及社会权利及深层次价值观的考量。同时，社保基金预算需要涵盖生命周期，时限较长，稍有不慎也会产生隐性债务的代际累积，从而危害到社会经济的稳定和可持续（张岌、赵早早，2019）。2017年7月24日，中共中央政治局会议首次提出坚决遏制隐性债务增量（刘海申，2020），随后财政部和审计署都明确了控制隐性债务的决心，而社保基金隐性债务，如未来的养老金缺口等，更是关乎民生和代际公平，需要重点控制。但是，鉴于社保基金权利性特征和迥异的收支归宿模式，隐性债务规模控制及其预算管理相对复杂、挑战重重。再加上2019年底暴发的新冠肺炎疫情对国家宏观经济社会造成了重要影响。疫情期间，很多企业难以为继，为鼓励企业复产复工，社保基金再次"叠加"实施阶段性减免（郑秉文，2020）。

"减税降费"政策伴随着社保支出的增加，给公共财政带来了不小的压力。在这一严峻的形势下，社保基金收支预算如何实现可持续已经十分重要。为了更好地帮助社保基金预算管理实践，发展预算理性，实现预算平衡和可持续，本研究对社保基金预算管理进行了单独、审慎的辨明与分析，将研究问题分解为三个关键性问题来予以回答：现时和未来的宏观环境，如人口、经济等，对社保基金产生怎样的影响，社保基金预算平衡如何？在时间序列上，隐性债务规模呈现出怎样的变化，尤其是最受人口代际影响的养老保险的长期变化如何？如何构建良好的社保基金预算模式？以分别揭示我国社保基金隐性债务规模动态及其差异模式，揭示影响社保基金预算诊断模型的因素并发展预算决策模型的关键因素。为了探讨这一系列问题，笔者以现阶段全口径预算管理改革为大背景，在参考、借鉴国内外社保预算研究成果的基础上，通过动态递推框架测算社保隐性债务规模及其影响因素，分析中国社保隐性债务的演变机制及其规律；再通过构建中期财政框架和社保预算基准情境，为社保基金改革提供一个新的、灵活的数量分析工具。此外，在理论和数据分析的基础上，也选取两个代表省市（发达地区和不发达地区）作为实证研究来观察社保隐性债务规模及其预算管理的深层次问题，以比较、评价地方社保方案现存的问题及其可持续性。在此基础上，以期望能够抛砖引玉，为推进和丰富社保和财政预算相关研究的理论与方法做出一点贡献，并希冀有助于中央和地方目前所进行的社保预算实践。

1.2 研究意义

伴随着财政部全方位预算改革的展开，从 2010 年到 2014 年，社保基金预算也从开始的试行编制发展到全口径预算的"四本账"之一，以控制日益增长的隐性债务规模，最终公平、可持续的配置社保资金，保障民生。同时，由于社保基金预算涉及医疗、养老、工伤、生育、失业等，与人民日常生活息息相关，已然引起了社会的普遍关注，比如医疗保险赔付以及退休年龄门槛提高所引发的广泛社会讨论热度。而与现实社会热切关注相反的是，理论学术界的相关研究较少，且缺乏来自现实微观层面的实证研究证据。鉴于此，本研究对社保基金隐性债务规模控制及其预算管理积极关注，试图建立理论与现实的联系，并期望可以构建社保预算改革理论与现实世界的对话，更好地推进实务部门的社保预算和社保体系改革，帮助政府管好人民的"保命钱"。

1.2.1 现实意义

第一,有助于地方政府更好地理解和把握社保基金隐性债务规模的现状、趋势及其影响,从而有效地实现隐性债务规模控制,保证财政可持续。实际上,国家早就开始说明重债务管理的问题,防范财政风险。中央早在 2010 年就要求地方开始编制社保基金预算。2014 年以来,中央又出台了《国务院关于加强地方政府性债务管理的意见》(国发〔2014〕第 43 号),围绕着"修明渠、堵暗道"的基本原则,通过债务甄别、置换和地方债务限额管理等多种监管手段,规范地方的举债行为。同时,伴随着 2014 年修正的《预算法》的实施,这些举措初步化解了部分地方政府显性债务风险,但是,隐性债务风险却还是逐步凸显了出来(刘海申,2020),特别是社保基金涉及社会权利与国家的政治承诺,没有明确的借款合同或者偿付条款,代际性和递延性都使得其隐性债务规模难以准确估计和控制。如果基金无法偿还,政府财政还需要承担兜底责任,在各地财力不均且有些地方无法得到财力保障的情况下,这都将影响地方治理效果和社会公平,从而影响整体的社会发展。因而,社保基金隐性债务规模控制及其预算管理的研究,比如隐性债务规模现状、趋势及其影响的估计,以及预算基准情境和计量模型的建立都可以更好地帮助相关实务部门更好地把握和理解社保基金实际运作情况,为今后动态发展和隐性债务规模监控指明一点方向,保障财政资金可持续。

第二,更好地帮助正在试行的社保基金预算编制,为发展全口径预算管理投石问路。自 2003 年党的十六届三中全会以来,

"实行全口径预算管理"已然成为中国预算改革的一面旗帜。在党的十八大将其写入报告之后,《预算法》中进一步明确了包括社保基金预算在内的"四本预算"编制,开始深化全口径预算管理体系的改革。作为全口径预算管理中的重要一环,其实施的效果并未得到系统的介绍和评估。实际上,特别是省一级并没有把预算当作重点的社保收支控制与监督手段,预算只是用来留档的工具,以适应复杂的基金管理的需要(Clarke,2010)。这种低效的财政制度安排使得政府的预算能力无法匹配。本研究不仅考察隐性债务规模,同时还需要对社保基金预算管理情况进行描述和分析,解析社保基金预算现行的问题,以期为社保基金预算管理实践提供一些方向,发展更加理性和民主化的预算管理模式,硬化预算约束,控制隐性债务规模,规范官员行为,实现社会公平。

1.2.2 理论意义

除所具有的现实意义之外,本研究还存在着一定的理论意义。这主要表现在以下两个方面。

第一,弥补社保相关研究中缺乏预算理论的空白,用预算管理的新视角来看待社保基金配置问题。尽管中央推行社保预算已有10年,但是,相关的理论研究却发展缓慢,对指导实践的作用相对有限。实际上,社保基金预算管理涉及社保与预算两个交叉领域。已有的社保研究主要偏向单个社保项目,如养老金隐性债务控制、医疗资金合理分配等,并专门说明对于微观的个人账户债务精算,尚未提升至宏观财政预算平衡的高度,从综合性的视角来测算社保基金预算收支现状及其影响;代际核算隐性债务的技术手段有余而对社保预算赤字行为的内在激励和深层次财政制度等基础性研究不足，难以构建社保预算决策理性化的理论框架。同时，在已有的预算研究上，鉴于社保基金预算在很多国家并不是主流财政的一部分，且预算管理起步较政府部门预算较晚，因此，相关理论及其研究并不充分，即使有部分社保基金预算研究，也是基于西方的故事情境，难以解释中国的现实问题。基于此，本研究试图通过对社保基金各个项目的收支平衡及其隐性债务规模（在社保中，隐性债务规模主要来源于养老保险）进行短期和长期的模拟精算（聚焦城镇职工养老保险基金），试图通过系统、全面的数据来还原中国社保基金收支及其对财政兜底和可持续的影响，再结合田野调查探寻社保基金预算问题的根本成因，最终构建社保基金预算决策理性。这有助于利用中国社保基金预算实践来与西方理论进行对话，并在发展中国社保基金预算理论的基础上来丰富社保研究。

第二，有助于理解地方官员的治理行为，丰富了预算治理理论。预算即治理（威尔达夫斯基、斯瓦德洛，2010），而预算决策包括采用赤字和借贷来支撑各类项目，都是政治经济的表现（何达基、张岌，2012），其背后有着复杂的政治激励约束以及制度环境的影响。因此，关于政府财政风险的解释性理论框架应该分析政府官员所面临的制度环境、激励机制与约束机制（马骏、刘亚平，2005）。为了更好地解释社保基金隐性债务规模控制及其预算管理的相关问题，本研究不仅采用了大量的数据和建模来系统的描述和分析隐性债务规模及预算管理效果，还使用了详尽的田野调查来对地方社保基金预算制度、过程和行为进行微观考察，揭示和验证政府复杂的预算动机、真实的预算行为及其制度缺陷，帮助我们更加直观地理解社保预算活动及其资金信息是如何在科层制组织中生产和管理的，并从根本上解析地方政府社保基金预算的行为逻辑，提出控制隐性债务的解决之法，发展社保预算理性，优化社保基金预算管理。这些可能对丰富相关的预算治理理论有所贡献。

1.3 结构概览和创新

1.3.1 结构安排

本研究聚焦于社保基金预算隐性债务规模控制及预算管理优化，采用定量数据分析和双案例分析相结合的方式，描述和分析社保基金隐性债务规模现状、发展趋势及其控制，剖析社保基金预算行为逻辑，发展理性的社保基金预算管理制度。本研究结构安排如下。

第一章为导论，主要包括问题的提出和研究意义。社保基金会带来隐性债务问题，影响政府对人民的政治承诺、社会公平和财政可持续等一系列重要问题。那么，中国社保基金预算平衡如何？隐性债务规模在时间序列上呈现出多大的变化？在地区上是否有所不同？社保基金预算管理在隐性债务规模控制上的效果如何？其背后有什么样的行为逻辑和深层次的制度激励？如何进行社保基金预算管理，控制隐性债务规模，保障财政可持续？等等，就成为研究所关注的主要问题。而针对这系列的问题的研究可以在实践中有助于地方政府更好地理解和把握社保基金隐性债务规模的现状、趋势及其影响。同时也可以更好地帮助正在试行的社保基金预算编制，为发展全口径预算管理投石问路。此外，在理论上也具有两方面的意义：第一，弥补社保相关研究中缺乏预算理论的空白，用预算管理的新视角来看待社保基金配置问题。第二，有助于理解地方官员的治理行为，丰富了预算治理理论。

第二章主要对相关文献及其研究方法进行了论述。从探讨社保基金与隐性债务的财政风险理论、社会权利相关理论、社保制度构建与资金分配、社保基金预算理论四个角度对社保基金隐性债务和预算管理的关系进行了梳理和分析。在对文献总结的基础上，探讨了既存文献主要在财政风险和社保制度构建上存在一些不足。具体而言，首先，基于财政风险视角的研究都停留在政府债务的广义层面，很少有人专门针对社保支出风险进行类推和适用性的探讨，也没有针对它发展具体的预算标准。其次，基于制度构建的研究试图通过提高贡献率、削减退休福利或者其他调整手段来应对日益增长的老龄化及其相关的社保需求。但是这些措施不仅在政治上实施困难，而且将社保体系部分的转向了长期偿付，并没有根本解决社保的财政风险问题（Pennacchi，2002）。而真正解决这些问题的方法在于设置能够反映社保体系实际和未来支付价值及其增长率、负债的预算编制和财政报告（Jackson，2004），但针对它的研究却相对较少。最后，提出了定量与案例研究相结合的研究方法。

第三章主要比较了西方与中国在社保基金预算管理的现状与问题，并试图寻找中立的技术手段来发展中国社保基金预算理性。国外社保预算基本分为两类：基金式（以美国为代表）和"一揽子"式（以英国、瑞典和芬兰为代表）。后一类预算模式以中期财政规划为基础对社保收支及其宏观经济环境进行预测，在隐性债务控制上较为成功。本部分将重点介绍这两种预算模式、相关理论以及技术，如中期财政规划、财务报告透明等对隐性债务控制的影响。在此基础上，先梳理中国社保基金预算历史发展历程，详细利用数据对中国社保基金收支以及各地社保基金预算收支平衡情况进行分析。

第四章对中国社保基金隐性债务规模计量模型进行推演分析。本部分着重对社保体系隐性债务进行数据建模和预测，以便发展社保预算管理中的债务基线。具体而言，首先描述宏观经济社会发展情况。将时间基线设定为2010年，即以第六次全国人口普查作为基础数据，来观察和描述（2001—2019年）和（2020—2085年）两个阶段的社会经济发展的动态变化情境，展现社保隐性债务规模的大背景。在宏观社会经济指标和假设的基础上，研究采用闭群负债测量、开放群体负债测量（75年）对社保总体隐性债务进行了测算。

第五章为比较案例分析。主要通过中部城市——B省A市以及沿海城市——C省D市（均为匿名化处理，以符合研究伦理）对社保基金预算管理进行了双案例分析，并发现社保基金预算在控制隐性债务规模上的问题主要表现在：精算不足、缺乏中长期意识、缺乏预算理性，以及社保基金的条块管理困境导致地方积极性不足等。这些都导致了地方政府可能存在重社保基金实际收支而难以完全利用预算提高其管理水平的情况。因此，我们必须建立社保基金预算的基准框架，并配套社保制度和预算改革来提高社保基金预算平衡和可持续。

第六章为总结建议部分。主要对如何优化和重构社保基金预算提出了具体的思路，包括发展理性的技术，如中长期预测和精算、预算监督与绩效管理、透明的财务报告制度、建设大数据信息平台以严防福利欺诈等。

研究行为逻辑图如下（见图1.2）：

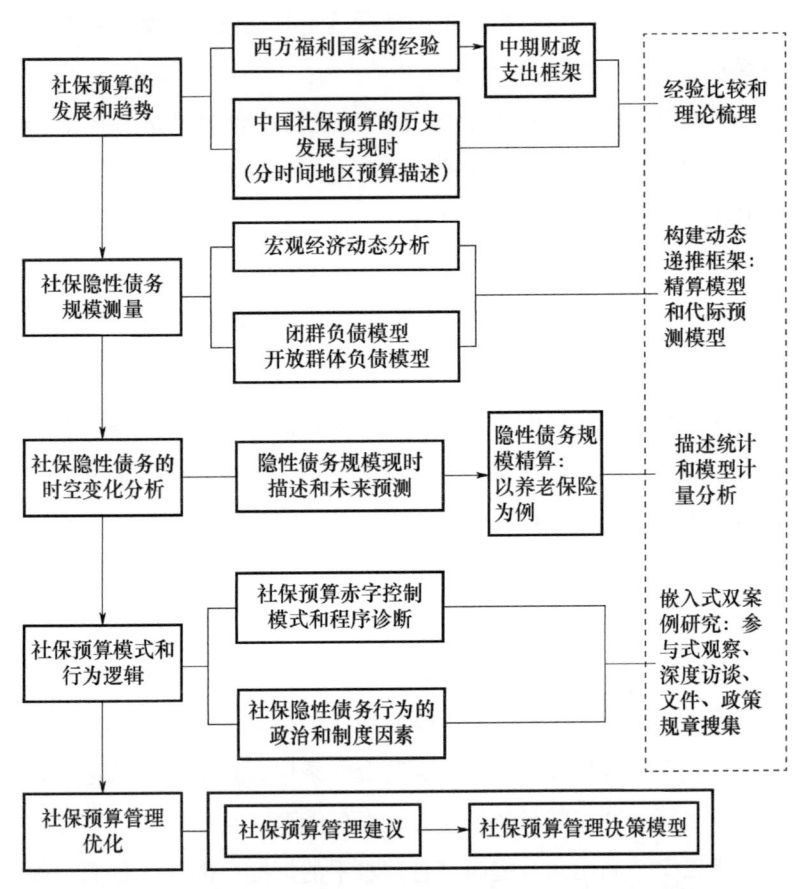

图1.2 社保基金隐性债务规模控制及预算管理优化行文逻辑图

1.3.2 创新与局限

本研究的创新主要体现在两个方面：

第一，以社保隐性债务占比较重的城镇职工养老保险为例，系统地揭示隐性债务规模，采用动态递推框架，改进代际核算模型，发展可供理论和实践分析的数量工具。本研究采用闭群和开放群体测量发展前瞻预测模型，全面计算城镇职工养老保险2010—2085年的隐性债务规模趋势，并通过基于人口经济发展的隐性债务规模预测未来的年度社保收支趋势，从而为国家进行社保基金改革评估提供一个新的、可靠的数量分析工具。

第二，结合定量和定性的研究方法，全面和深度的解析社保预算赤字和债务行为的内在激励和基本规律。仅进行定量分析，难免会忽略社保隐性债务的复杂情境因素和行为制度的激励效果，于是，本研究也采用定性研究方法，以多角度的方式展现政府对隐性债务规模控制的预算管理问题及其效果，更好地理解社保隐性债务预算管理行为背后的深意，从根本上寻找控制隐性债务规模的社保预算管理优化方案。

本研究的局限主要表现在三个方面：

第一，由于数据量较大且较为零散，特别是地区各类公开的预算文件，跨时较长，资料不全，且越是基层，受到的影响因素就更多，要全面系统地做到精算地区未来实际收支存在一定的困难，因此，并未对地区进行模型精算只是分地区进行了社保基金预算描述。同时，长期精算模型包括人口结构预测，闭群债务和开放群体债务测量，从数据、方法的确定，到根据文献和实际调研结果对模型进行修正，耗时较长，最终结合实际社保基金情况（只有养老保险适合长期预测，其他险种只适合短期预测，且无法全面获得其他险种的具体缴费待遇支出相关数据），只做了城镇职工养老保险的社保基金隐性债务长期预测精算，以观察未来

75 年的社保收支平衡趋势。

第二，对于未来 GDP 和财政收支的预测，由于跨时 75 年，需要考虑长时间序列的影响，很多方法难以做到精准，因此，笔者参考了一些文献发现，和养老保险代际跨度不同，城乡基本医疗保险、城镇职工医疗保险、生育保险、失业保险和工伤保险受到当下情境影响很大，都只能做短期预测，于是，仅进行了基于人口的城镇职工养老保险收支平衡精算，在数据分析上未能突破新的研究方法。

第三，除了数据，在田野调查上，由于疫情原因以及进入情境的困难和不便，并未继续再去更高层面，比如省和全国层面进行进一步的调研，调研停留在市一级。而社保基金预算政策性较强，也需要结合更高层面的政策导向才能将该问题更加深入。

第二章 文献评述和研究方法

目前,国内外的社保研究大多聚焦于社保改革体系的探讨,而对社保改革的积极性所创造的短期社保基金盈余、长期的支出增长以及巨额的隐性债务进行预算控制的研究却相对较少。具体而言,对本研究借鉴和指导意义较大的研究主要有四类:第一,从财政风险的角度,对社保支出所导致的隐性债务进行研究,并强调中期财政规划。第二,从社会权利的角度,对社保是否纳入预算编制进行研究。第三,从社保制度构建的角度,对社保体系进行保险精算,以构建社保收支平衡体系或最优社保支出规模的研究。第四,从预算管理的角度,介绍社保预算的国家和地区经验,并总结社保预算管理原则和方法。本部分在具体评述这四个视角下的相关文献观点的基础上,指出了本研究应该推进的方向。

2.1 财政风险理论综述:社保基金与隐性债务

社保基金带来的财政风险问题引起了学术界的普遍关注。国际经验表明,如果政府忽视"隐性"财政风险,其对财政状况和政策的分析肯定是不全面的(Schick,2003)。因为"隐性"赤字大大超过公布的政府赤字,是导致许多政府债务迅速积累的重要原因(Kharas and Mishra,2003)。1992年,哈维·罗森提出"政府隐性债务"概念,并将财务管理理论运用到政府债务管理上(刘海申,2020)。随后,白海娜(2003)认为,政府每种负债都具有直接、或有、显性与隐性这四个特征中的两个,并在理论上将社保支出所带来的财政风险被归类为或有负债或者隐性负债,并创造了财政风险矩阵。其中,未来的养老金、医疗保险和社会保障计划属于直接隐性负债;未担保的社会保险基金属于或有隐性负债;公务员养老金属于直接的显性负债(见表2.1)。

表2.1 财政风险来源矩阵

负债类型	直接的 (任何情况下都会产生的责任,相对比较确定)	或有的 (在某一或不确定性的事件发生的前提下才会实现的责任)
显性的(由特定法律或合同确认的政府负债)	●对内和对外的主权借款(签订合同的政府借款和政府发行的债券) ●预算法规定的支出 ●具有法律约束力的长期预算支出(公务员工资,公务员养老金)	●政府为非主权借款、地方政府以及公共部门和私人部门实体(开发银行)债务提供的担保 ●政府为抵押贷款、学生和小企业提供的贷款担保 ●国家保险计划(对存款、私人养老金基金最低收益、农作物、洪水和战争风险提供的保险)
隐性的(政府"道义"上的责任,主要反映了公众预期以及利益集团的压力)	●公共投资项目的未来经常性费用 ●未来养老金 ●社会保障计划 ●医疗保险	●地方政府、公共或私人实体对未担保的负债以及其他负债违约 ●银行破产(超出国家保险范围之外) ●未担保的养老金基金、失业保险基金和其他社会保险基金的投资失败 ●中央银行未能履行其责任(外汇合约、本国货币保护和国际收支稳定) ●抵抗私人资本外逃的紧急财政救助 ●环境的破坏、自然灾害、军事行动等

资料来源:白海娜,2003,p.46-47。

首先，和中国双轨制的养老缴费方式不同，许多西方国家对达到退休年龄的政府雇员给予领取养老金法定权利，雇员需要缴纳相应的税收。这些法定权利会构成未来政府预算的支出项目，其规模取决于公共雇员人数、预期工资、养老金对退休年龄的预测（白海娜，2003）。这在主流公共财政预算中是确定可以预测和计算的。其次，在许多国家，未来公共养老金不是政府的法定责任，但是，一项现收现付的养老金政策持续下去，肯定会出现支出缺口并要求政府补贴，而基于经济、社会和政治的原因，公众普遍认为政府不会停止支付。同时，在老龄化的社会中，医疗支出的需求通常甚至高于公共养老金的支出需求。因此，养老和医疗保险会被视为对财政稳定性的威胁，且需要利用长期财政模型确立社保改革方案对财政的影响（白海娜，2003）。最后，对于未担保的社保基金而言，一些关键的社会和福利职能，即使政府已经通过法律和合同将其转移到私营部门管理，也往往被认为是最终应由政府承担的责任并需要为投资失败提供援助（白海娜，2003）。这种或有隐性负债的不确定性导致其规模确认十分困难，因而也最难控制。

针对社保所造成的隐性债务风险，希克（Schick，2003）提出了四种解决方法：在财政报告中列明，成本预算，设定财政风险准则，市场化。例如，澳大利亚就采取的是财政报告列明的方式。它在财政预测的基础上，再加上包括人口、社会参与和生产率在内的各类规划模型，形成代际报告。具体包括财政收入模型、健康模型、收入补助模型、教育与培训模型、老年人看护模型、政府雇员的退休公积金模型等（赵早早，2014；Woods et al.，2009），更好地利用前瞻性预算来对社保资金进行管理。牛美丽、崔学昭（2016）对英国中期财政规划进行了分析，指出，财政部倡导在预算中引入 5 年福利政策分析，以应对所面临的巨额的福利支出压力。因为这种支出具有多年期性质，常常会结转使用，年度性原则不太适用（Bouvier et al., 2010）。为了配合多年期预算编制，英国议会还出台了法案给预算责任办公室设置福利限额责任并强化了对财政政策的控制（王朝才等，2016）。同时，社保资金隐性债务问题也开始引起中国学术界的重视，如申曙光、彭浩然（2009）对养老保险的隐性债务进行了研究。学者们普遍认为，对隐性债务进行控制的方法在于在预算中发展有效的中长期财政支出框架（马骏，2013；黄严，2016；李俊生、姚东旻，2016；Schick，2003；World Bank，2013）。

2.2　社会权利理论综述：权利与资金的关系

社保基金的征缴与支付涉及社会权利，它是研究福利模式的起点（郑秉文，2005），也是社保基金预算管理的基础。因此，许多文献从社会权利的角度，探讨了社保基金应该如何进行资金分配以及和国家预算体系的关系等一系列问题。具体而言，所有权利都可以放到"主动权利"（positive rights）和"被动权利"（passive rights）这两种权利的框架体系下予以探讨（Dean，2002），具体表现为经济权利、社会和文化权利以及政治权利。其中，福利（或社会）权利代表的仅仅是社会更宽泛的财产（或公民权）或者是民主（或政治权）的一部分，以保证社会的正常运行。它属于"主动的权利"，是加强社会权义务的手段。其主要功能在于加强国家干预，即公众通过国家、政府授权来享受某些服务（Dean，2002）。伴随着现代工业化的推进，西方国家开始采取福利政策和经济政策以最大限度地规避和降低工业化社会（与传统社会相比）为个人带来的各种社会风险，维持资本主义的再生产。因此，社会权利的实现可以看作保证企业竞争力和最大限度适应经济发展过程的一种"生产性投资"（郑秉文，2005）。相对而言，政治权利是"被动的权利"，即保护个体有行动和想法的自由，不受外部的干扰，比如竞选投票。学者们普遍认为，构成福利国家核心理念的是社会权利，而它的发展是在被动权利发展之后产生的（安德森，1999），因此，社会权利是政治过程的结果（Dean，2002），和国家的政治体制以及文化相关。

沿着这一思路，安德森（1999）提出福利国家框架来解释不同的政治经济文化体制对社会权利的界定、福利制度的形成以及资金配置等问题得到了普遍的接受。安德森认为，不同的政治体制文化衍生了不同的福利资金运作体系，具体表现为三种福利国家：以市场为主导的自由主义模式（如美国）、等级和市场相结合的保守主义模式（如德国）和强调国家财政责任的社会民主模式（如瑞典）（安德森，1999）。其中，自由主义模式和社会民主模式的资金配置方式在学术界引起了较大的争议。

有学者认为，鉴于社保的特点，如医保具有竞争性而养老保险具有代际性，会导致过度消费和隐性债务风险（布朗、杰克逊，2000；Marshall，1950），因此，社保可以看作代际准公共物品，国家可以通过市场化的途径来进行资金管理。持有这种观点的学者深受自由主义的影响，强调天下没有免费的午餐，权利与给付必须反映出自愿缴纳的保费（安德森，1999）。"费"而非

"税"的方式使得参保人缴费与支出待遇之间存在着较强的关联性,且个人贡献缴费与国家财政收支无关,因此,只需要单独基金核算,不需要纳入统一的预算体系,而是游离于主流财政体系之外(Clarke,2010),政府综合预算只需反映最低限度的保障收支即可。同时,社保基金预算的征缴与支付相对固定,除非投保人应得权益发生变化或缴费范围发生了变化(政治政策的影响),否则不需要立法机关的审批,而是审阅备案公开,以供公众了解,因此,也被称为"无须投票的拨款"(Clarke,2010)。这也和每年都需要根据社会经济形势调整预算数字且需要立法投票审批的年度政府预算区别开来。总之,在这种理论观点的主导下,这些国家在社保基金预算的管理上普遍采取基金自治管理、政府单独监督的模式。

相反,对于奉行社会民主的北欧国家而言,社会权利门槛较低(公民资格即能享有),强调实行广泛而全面的福利。这同时也意味着,沉重的赋税才能支撑得起人人有保障的规模(安德森,1999)。因此,社保资金在国家预算中的地位极为重要。虽然为了降低财政赤字,控制隐性债务风险,这些国家也采用了各种除财政筹资之外的方式来发展社保基金,但社保费征缴仅为辅助,在整个社保收入体系中占比很少。这些国家更倾向于所有的社保资金纳入整个国家预算框架之内,以监控社保基金收支趋势,评估财政补助水平,并且需要一并递交议会来审核(Clarke,2010)。对它的争议主要就在于如何发展合理的综合预算,以减少政府的财政负债。虽然存在不同的资金管理方式,但是国家都需要通过社保基金来履行政治承诺,这是社会权利实现的关键一环。因此,无论哪种模式,即使是基于个人贡献的保险模式，国家也需要承担一定的财政职能（尽管有些国家较为间接），即使基金收支不纳入政府整体预算，它也应该编制财政报告予以公开并经过严格的审计，因为社保关系到社会权利，它是去商品化的，完全利用市场化的概念有可能模糊了每个社会公民应享的权利（安德森，1999）。实际上，由于政府更有义务去支付作为重大承诺的社保福利并承担兜底责任以保障社会权利的实现，所以，社保基金应按照预算内项目予以计量，其收益和损失都应计入综合预算（Finer，1993；Jackson，2004）。同时，为了防范债务风险，社保基金所有收支情况需在财政报告中予以列明，以作为衡量财政平衡的主要测量指标（Schick，2003）。如澳大利亚和新西兰将或有负债和支出纳入财政预算报告（赵早早，2014；张光，2014），美国和意大利对未来财政成本净现值进行预算拨款等（白海娜，2003）。

2.3 社保制度构建与资金分配理论综述

除了从财政风险和社会权利的角度探讨社保基金隐性债务规模控制及预算管理相关问题，大量的社保领域的学者也警醒于或隐或现的财政危机及其风险，从社保体系改革出发，聚焦于社保体系改革及其制度构建，探讨社保隐性债务形成的原因，并提出隐性债务解决办法，如削减福利支出，增加税收，延长退休年限，提高贡献率，以及通过私有化向市场转嫁风险等（Jackson，2004）。同时，收入分配模型、经济增长模型、代际核算模型、生命价值模型等大量运用于社保支出效果测量和精算，如是否实现社会公平或者有利于经济增长，是否挤占国民储蓄、提升家庭财富等（Noriyuki and Kitamura，1999；Auerbach et al.，1992；

任若恩等，2004），试图构建出最优社保支出规模（胡乃军等，2014），减少隐性债务的发生。在中国社保基金收支难以未继这个问题上，对养老金体系改革和医疗改革的探讨最多（王燕等，2003；申曙光、彭浩然，2009；郑秉文，2012，2015；郭瑜、张寅凯，2019a；孙维，2021；孙健、王君，2021）。很多学者都将其原因归结为资金投资管理效率低（武萍，2012），统筹层次较低（郑秉文，2007；刘军强，2012），无计划扩张财政补贴（郑秉文，2015）以及转轨带来的养老保险空账问题（王燕等，2003；山东省社会养老保险基金风险管理机制研究课题组，2010）。因此，倡导中国社保制度的改革，比如提高统筹层次（郑秉文，2007）和个人缴费标准（郑功成，2014），发展多支柱养老体系（王燕等，2003）和财政税制有关的个税递延商业养老（郑秉文，2016）以及养老金入市等（孙健、王君，2021）。实际上，塞卢斯基（Selowsky，1997）就较为认可社保体系改革对财政风险防范的长期影响。其研究强调，减少政府公布的赤字往往并不意味着财政状况的改善，仅仅着重减少财政赤字，实际上可能会增加而不是减少政府的财政风险，恶化而不是改进未来财政业绩，妨碍而不是促进一些为了长期财政稳定而进行的财政改革，相反，一些改革，如养老金改革可能在短期内导致更高的赤字，但是可能使财政取得长期的可持续发展。对于社保基金隐性债务而言，必须放在一个更长的框架内予以讨论。这些研究为我们深入理解社保基金隐性债务规模的产生及其深层次的制度激励约束提供了有益的方向与多角化的思考。

2.4 社保基金预算管理：理论与实证结果概述

这类研究为本研究提供了最为直接的理论指导和现实经验，但是相对较少。在现有的研究之中，一方面是来自中国实践部门的经验探索和国际经验。如林治芬等（2003）对辽宁社保资金纳入预算管理进行模式归纳，朱艾勇、陈中楼（2010）对安徽省社保预算编制方法和程序的总结；黄振平和胡毅东（2011）、吕坚莉（2014）对河北和温州的社保预算的经验介绍；杨涛（2014）和潘洪鲁（2015）对山东和云南社保预算的描述等。这些研究很多来自政府实务人员，他们普遍停留在单个地方经验总结，对预算理论关注不够，以至于没有比较提炼和发展深化财政风险平衡准则。在国际经验上，怀特（White，2005）对美国的社保预算控制机制和战略进行了说明，克拉克（Clarke，2010），凯恩斯和泰特洛（Keynes and Tetlow，2014）提供了英国在社保支出资金分配上的预算经验等。

根据文献梳理发现，尽管所有 OECD 国家都将社会保险纳入到预算之中，但鉴于社保基金和政府预算不同，即本身具有的权利性和收支均指向个人的特征，因此，并非所有国家（特别是奉行自由主义的国家，如美国、德国）都将社保基金作为主流财政的一部分，而是保持相对独立的特点（Clarke，2010）。于是，在建立预算框架时，需要更加谨慎地考虑社保基金预算与政府预算的区别，以及社保基金预算在整体预算体系中的地位。

另一方面是来自学术界的成果，但他们却都只对宏观预算理论进行说明。如杰克逊（Jackson，2004）、克拉克（Clarke，2008）、世界银行（World Bank，2013）和罗宾逊（Robinson，

2016）都对社保预算编制的会计准则、财政报告内涵、支出上限和社保隐性债务计算进行了讨论，强调如何利用预算编制来解决隐性债务问题。国内学者，如穆怀中（2001）、马骏和牛美丽（2007）等也提出将社保纳入预算来保持社保基金收支平衡的观点，段晓红（2015）对社保预算中公众参与机制的讨论，以及张荣芳（2015）对社保预算的法律进行了探讨，张岜（2017）对地方社保基金预算管理的现状及其问题进行了分析，唐大鹏等（2019）在预算管理的视角下对社保基金投资绩效进行了相关情况说明，杨超、谢志华（2019）探讨了社保基金预算、国有资本预算和一般公共预算的衔接模式，吉志鹏（2015）对社会保险基金预算进行了全面的介绍。但是，他们或倾向于从宏观的角度，高屋建瓴的阐释社保预算的特征及其意义，或选择社保基金预算的某个方面，如基金投资或者预算衔接模式，来对社保基金预算进行具象化的技术指标设定，而较少从微观的视角系统的论及地方政府真实的隐性债务规模及其实际的预算管理模式，特别是各地政府如何进行预算管理来控制隐性债务规模，预算行为背后的逻辑（包括制度环境、激励和约束机制）如何，应该如何发展理性预算（比如支出上限控制、债务基准情境如何设定等）等并未论及。而这却是理解真实世界、构建社保预算决策理性的重要路径。

2.5　文献总结与推进

上述研究视角都为本研究奠定了基础，但也存在一些不足。

第一，基于财政风险视角的研究都停留在政府债务的广义层面，很少有人专门针对社保支出风险进行类推和适用性的探讨，也没有针对支出风险制定科学、具体的预算标准。例如，很多学者讨论了债务规模和经济的关系，并指出，政府须根据经济水平，在公共预算中发展出不同的债务预警指标。但是，很少有研究者运用社保隐性债务标准（例如，占 GDP50% 或 70% 的基线）来评估不同的社保改革提议的影响（Jackson，2004）。此外，这类视角的研究者往往将中期财政规划结合起来综合探讨如何在预测的基础上对政府预算总额进行控制，特别是有关社保支出上限的设置问题。但是，这种讨论都是基于西方的情境框架，尚未引入中国的具体情境。鉴于此，本研究不仅对中国社保隐性债务规模进行针对性的描述，并在此基础上，进一步探讨如何在社保预算中引入中期财政规划。

　　第二，基于制度构建的研究试图通过提高贡献率、削减退休福利或者其他调整手段来应对日益增长的老龄化及其相关的社保需求。但是这些措施不仅在政治上实施困难，而且将社保体系部分得转向了长期偿付，并没有从根本上解决社保的财政风险问题（Pennacchi，2002）。而真正解决这些问题的方法在于设置能够反映社保体系实际和未来支付价值及其增长率、负债的预算编制和财政报告（Jackson，2004），但针对它的研究却相对较少。并且，无论是聚焦于养老金负债规模计算的公共财政类文献，还是探讨社保福利对储蓄和家庭财富影响的经济学文献，都采用了未来社保支付的现值估计作为标准手段进行研究。然而这些测量手段并未类推到社保预算管理之中，以反应隐性债务趋势和规模，明确当期受益人、正在工作未来的受益人、还未工作的新受益人的支付额度，以及和动态财政状况（如赤字盈余）相关的税收变化幅度。由于缺乏预算方法和测量，导致公众难以了解政府社保承诺的规模，也无法预计预算资源能否支持已经做出的福利承诺（Jackson，2004）。所以，本研究拟从财政预算管理的角度出发，探讨现时社保基金预算收支平衡及其动态发展态势（债务和盈余），通过计算影响预算收支的城镇职工养老保险基金未来平衡状况（75年），来探讨社保预算代际核算模式和财政风险准则。

第三，在少量的社保预算研究之中，研究者们基本偏向宏观理论框架的搭建和单个案例的介绍，很少深层次剖析政府在社保预算管理中的行为模式，也未曾利用预算理论框架来对中国社保体系累积的隐性债务进行解释。鉴于此，本研究通过田野调查的方式，运用两个地方案例，来深刻剖析社保隐性债务的预算行为激励及其影响机制，最终提出优化社保预算管理的办法。

2.6 研究方法

本研究采用定量和定性相结合的研究方法来对社保隐性债务及其预算管理进行综合考察。首先，定量数据分析。本研究拟对中国中长期社保动态发展趋势（包括人口规模和结构、经济财政动态和隐性债务规模及其相互关系）进行描述和预测。采用保险精算模型（数学模型）和软件编程，构建社保体系代际模块数据库，实现社保预算管理理性化。具体而言，测算和描述1990—2020年全国以及地方的社保基金收支平衡动态，分析社保基金预算收支数据趋势。同时，在描述宏观社会经济发展状况的同时，以2010年第六次人口普查为基准，评估对社保基金预算有最大影响的城镇职工养老保险现时的和未来（2011—2085年）的隐性债务规模发展趋势及其特征。所有数据来源于《中国统计年鉴》《中国劳动统计年鉴》《全国人口普查资料》等公开统计年鉴。具体的模型设计和操作方法可以详见第四章社保基金隐性债务计量模型与数据分析。

其次，系统翔实的案例研究。案例研究主要回答"怎样"和"为什么"的问题，并以详尽的田野调查的方式更加深刻的理解社会现象。本研究不仅要对社保基金隐性债务规模进行计量，同时还需要理解社保基金预算管理在中国的实施情况，回答的正是社保基金隐性债务规模及其预算管理是怎样的？为什么会这样？等等，这一类的问题。而在探索研究问题的过程中，我们需要研究社保基金预算的参与者行动策略和互动，以及他们所在的制度框架和管理环境，更需要将社保基金隐性债务规模的形成、发展及其预算管理都放入预算改革所发生的社会经济情境之中。这些故事的讲述需要大量的定性数据，以及"厚重"的语言，而倡导"通过详细、深入地收集多种多样内容丰富的数据所进行的对封闭的系统（bounded system）或案例（多案例）的研究"（Creswell，1998）则成为最佳选择。案例研究包括嵌入式案例研究（多个分析单位）和整体案例（单一分析单位）研究（Yin，1994）。由于中国地方政府社保预算环境的多样性，单一案例研究并不具有普遍意义，所以一定要选取多个案例系统考察社保隐性债务控制效果和预算行为模式。这有助于克服单一案例在代表性上的局限，可以在更大的范围内解释研究问题，因而结论更具有说服力和推广性，或者说，结论更具有外部有效性（Bailey，1994；Yin，1994；Johnson et al.，2001）。对于案例的选择，本研究在前期数据整理和分析的基础上，依据三个方面来进行。第一，经济情况。由于不同的经济发展程度和财力状况会影响地方预算行为和收支结构,也会造成了社保基金缴费和待遇水平的地区差异。因此,本研究分别选择了经济发达地区和不发达地区的两个地级市来进行。第二,地理位置。中国政府管理疆域跨度较大,沿海和内陆地区的观念和经济差异都会造成不同的社保基金预算管理行为,因此,本研究在充分考虑经济情况下,也考虑了地理位置,基于便利性条件,即熟识关系进入中部和东部沿海两市来展开田野调查。第三,社保基金预算管理实施进程。两市所在的省都是中央在 2010 年推广全国社保基金预算编制之前的试点,具有较丰富的社保基金预算管理经验。在具体的数据收集方法上,采用嵌入式案例研究方法对财政部门、人力资源和社会保障部门、人大等多个机构采用半结构性访谈的方式获得一手信息资料以及政策文件等文本资料,并试图在自然状态下,进行参与式观察,跟踪调查社保预算隐性债务控制情况。在田野调查期间(2017—2020 年),真实记录问题的出现、发展、演变和消失,以田野笔记再现社保预算管理的过程,揭示社保预算赤字行为的激励及其发展动态,挖掘社保隐性债务控制的深层次制度因素,补充和验证定量数据的分析。

第三章　全球社会保险基金预算的发展和趋势：西方与中国

尽管很多国家的社保基金来源于个人贡献缴费且支出回归于个人，独立于公共财政收支，但是国家和政府通常被视为社保的最终责任主体或者担保人，因为国家财政需要对社保予以直接的（直接供款或者补亏）或间接支持（规定缴纳的社保费在税前列支等），同时社保基金的健康状况会对国家财政预算平衡和可持续产生巨大影响，特别是将社保资金与国家财政预算捆绑在一起的国家（郑功成，1997）。因此，社保基金和国家财政预算息息相关。综观世界各国，西方发达国家在社保基金管理上预先发展出了预算管理的模式，但是，各国不同的权利认知和差异化的福利收支框架，导致社保基金预算管理模式也极为不同。按照是否纳入国家整体财政预算体系，西方社保基金预算管理模式可以分为基金独立运作模式和一揽子预算模式。本部分对这两种模式进行了介绍，并阐释了其共性的技术理性。随后，通过各种公开数据和文件对中国社保基金预算管理的发展历史、收支现状和管理模式进行了分析。

3.1 西方福利国家的社保基金预算实践[1]

西方福利国家的社保基金预算模式可以分为基金独立运作模式和一揽子预算模式。前者以美国和德国为代表，主要表现为独立运作的社保基金预算，不纳入政府整体预算体系，其优点是，方便单独监控预算收支不良行为且不需要过度依赖国家财政投入；后者则是欧洲国家采用的方式，将社保基金纳入政府整体预算内统一编制，不单独编制社保预算。其优点是，操作简单，方便统一监管和综合评估财政补助情况。两种模式虽然各有不同，但是，在保证预算平衡和稳健、防范政府隐性债务风险上，都采取了中期预算框架和向公众公开两种预算管理手段。

3.1.1 两种模式

第一，基金式。美国和德国都采取基金运作方式，社保基金预算独立于政府整体预算。美国社保基金的大部分险种都按照基金方式运作，并通过一系列年度财务报告予以反映，少数险种纳入政府一般公共预算。这种运作模式强调以独立基金为主、政府一般公共预算为辅，政府财政预算和社保基金预算松散结合。实际上，早在1967年，美国政府就提出所有的联邦政府收支都必须纳入一个统一的预算之中。通过整合以往的独立账户，增进了预算的透明度并鼓励政策制定者们在一个统一而非零碎的框架下做出税收和支出的决策。但是，在1983年社保改革之后，美国政府正式的将两项社保基金——养老保险基金和残障保险基金——从

---

[1] 本节的讨论主要基于笔者2019年在《四川行政学院学报》上发表的《福利国家社保基金预算管理经验及其启示》一文，略加修正。

政府整体预算中分离出来,并在 1985 年和 1990 年的预算立法中再次强调他们的独立基金地位。在 1999 年时,克林顿又将医疗保险中的由医院保险基金支持的住院医保这一块从政府整体预算中分离(Elnendorf et al., 2000)。对于采取基金独立运作的社会保险险种,美国《社会保险法》规定,老年人、鳏寡人和残疾人社会保险(Old-age, Survivors and Disability Insurance, OASDI)须报告每年的基金财政和实际运作情况,即美国联邦社会保险信托基金年度报告,也称为《OASDI 年度报告》。在报告中,OASDI 提供情景分析、模拟分析和敏感性分析三种分析手段,包括 25 年的短期预测和 75 年的长期预测来评价 OASDI 计划的财务可持续性和稳健性(高全胜,2015)。此外,《OASDI 年度报告》会将社保基金精算为三个部分:低成本项目、中等成本项目和高成本项目,来反映社保基金未来乐观的偿付能力、中等偿付能力和悲观的偿付能力。一般而言,中等偿付能力代表着社保基金对未来人口和经济发展最好的预测(Burtless, 1997)。虽然 OASDI 并未纳入美国整体预算框架,但是,也有两个险种,即医疗保险(除住院医保)和联邦/州失业保险纳入政府整体预算统一进行编制。在短期宏观控制上,美国政府在 1990 年率先使用一种叫现收现付(pay as go)的直接控制方式,以降低高涨的预算赤字所带来的财政压力。如果一项预算增加,同时并没有带来其他预算项目减少或者税收按比例增加,该系统会自动减少医疗预算和其他社保开支(Clarke, 2010)。

除了美国,德国的社保基金预算管理运作模式也较为典型。具体而言,德国政府并不直接参与社保事务,而是由独立的社保基金会自主进行。基金会的内部治理结构,如参保人代议机制或者构建审慎投资人规则等,已经实现了参保人的民主化参与和自主决策(胡川宁,2015),因而不需要立法机关再次进行预算审议,而主要通过各级政府实施的预算监督实现了民主的正当性。主要表现在:第一,政府需要经由立法机关授权制定了相关法规来对社保基金预算进行规范,将其收支置于各级政府严格的财政纪律和法律框架之下,以确保资金的合理使用。第二,社保基金会需要提交预算草案给政府审批,因为保险待遇、权益或者缴费率变化所导致的短期甚至长期财政影响并不明确,社保基金预算需要按照政府所规范的财政纪律和法律规范进行,以帮助政府全面了解社保基金和基金会的财务状况,及时发现财务中可能存在的不可持续性,最终达到社保基金的自我收支平衡而又不过度依赖政府财政投入的目的(娄宇,2018)。但是,针对社保基金(如养老保险基金)的联邦专项拨款和其他配套资金,社保基金会则需要进行精算确定保费的上下限,并将其作为政府一般预算案的一部分,一起提交联邦议院予以通过(娄宇,2018)。

第二,一揽子式。这类预算模式主要表现为在政府整体预算框架中对社保基金收支予以反映,欧洲普遍采用这种模式,又称紧密结合型或预算一体型(郑功成,1997)。由于欧洲深受平等主义影响,在提供社保服务时亦强调普救主义原则,于是,国家财政承担了主要的社保责任,税收系统是其主要的支撑(辅以少数社保征缴)。社保基金收支全部体现在综合预算中。如英国社保收入主要通过国民保险费和普通税收来融资,并由全国社会保险基金(National Insurance Fund,NIF)代管,所有收支都在政府经常性预算中予以反映,不单独编制社保基金预算(谢和均,2013)。当社保出现赤字时,由国家财政和其他收入自动弥补,反之，在社保基金出现结余时，则用于弥补政府财政赤字（郑功成，1997）。在社保基金预算管理的具体做法上，欧洲国家的预算制定都是基于政府计划体系中的政策目标。如法国和荷兰，整个政府预算被安排在一系列的计划项目中，社保基金计划项目由社会事务部门负责，且有一套计划目标、指标和财政分配原则。在具体的预算编制上，大多数欧洲国家会结合各国政府政策计划目标发展中期支出计划框架，预测该预算年度和之后 2—3 个预算年度的社会保险支出，保障财政资金的可持续（Clarke，2010）。在英国，财政部引入 5 年福利政策分析以应对所面临的巨额的福利支出压力（牛美丽、崔学昭，2016）。荷兰的中央计划局会提出 4 年的宏观经济框架数据，还会在相应制定每年或者每季度的预算的同时，设定和公布 4 年的总预算限额（包括社保支出）。如果福利构成发生变化，或者支出限额随着通货膨胀进行调整，财政总限额都将严格保持不变（Clarke，2010），以此来控制社保基金支出对整体财政的影响，继而保障财政可持续。

但是，在如何把中期框架与年度预算相结合方面，各国做法并不相同，如瑞典和奥地利，首先为部门支出设置中期上限，然后各年度预算再据此设置每年预算的上限，做出细节的规定。法国则将中期支出框架作为现行预算法的附件（《法国社会保障预算法》）（Clarke，2010）。除中期预测外，为了更好地评估社保基金的不确定性影响（如经济波动，政策法案调整等）控制未来可能的隐性债务风险，英国财政部还会为所有相关社保基金法案撰写财政备忘录，并分析社保基金相关法案实施后的影响，进行严格的审计和独立审查，而涉及重大权益变化，如养老金领取年龄、提前退休或特定群体权益等，则只能通过社会保险相关管理机构申请基金法案的方式进行（Clarke，2010）。此外，欧洲国家也会编制相应的财务报告，将社保基金实际会计账户和绩效信息以硬拷贝和互联网形式公布，有时也会以总结形式公布（Clarke，2010）。这些财务报告在一些国家之中都以权责发生制为基础，以全面、准确地反映政府资产负债和成本费用。

3.1.2 模式共性

无论是哪种模式，要管好人民的"保命钱"并不轻松。尽管美国在社保基金采取基金式，但是，它也需要和一般公共预算一起向财政部和国会报告反映社保基金收支预测的财务报告，从而实现预算透明并评估确定所需的财政补助水平，最终保障财政可持续。总之，在社保基金预算管理技术上，西方福利国家为了达到社保基金公平、效率的目的，都采用了中期预算预测和透明的财政报告来维持财政可持续性，保证政府在资金使用上更加负责。虽然中西方的预算政治环境并不相同，但是这些中立的、理性的技术，我们可以学习、借鉴，将其移植到中国的预算情境之中，发挥出应有的效果。

第一，中期预测。评价长期财政可持续性的起点是基准的中期财政预测，它通常至少向前展望 5 年（Hemming and Petrie，2000）。因此，为了预防财政脆弱性，西方福利国家基本上都引入了中期财政规划来进行中期预算。在社保基金预算中，无论是采用独立基金运作的美国，还是采用一揽子式的欧洲国家，基本上都做出了中期预测，来拟合现时和未来的经济、财政、人口和社会的动态发展情景。变化情况将对照本年预算进行累计显示，并非与上年同期进行对比。这有助于了解一些变化的幅度以及今年制定的政策对未来年度产生的累计影响（Clarke，2010）。如英国除 5 年的福利政策分析框架外，也会每两年编制综合开支审查报告（Comprehensive Spending Review），对经济和财政进行评估和预测，对政府改革政策进行解释和说明，同时确定未来 3 年内的财政优先项目和开支计划，特别列明即将要支付的社保福利估计数额（谢和均，2013）。

实际上，除欧美这些经济发达的福利国家之外，在撒哈拉以南一些较为发达国家，社保机构也都采用了中期预算框架（Allen et al.，2017）来确保国家财政总额目标。中期预算是指对财政情况及其影响因素进行中期预测，优化资源配置，达到总额控制的目标。它需要良好的年度预算管理基础，并与年度预算管理的有效衔接才能确保成功（World Bank，2013；Boex et al.，2000）。

在欧洲福利国家之中，尽管各国做法不一致，但是它们基本遵循这样一个逻辑：先制定中期预算框架和支出上限，然后再以各种形式来发展年度预算目标，并结合绩效予以考量，最终达到总额控制的目的。但是，3 年或者 5 年的中期预算时间跨度太短，以致无法考虑政府由于建立养老金制度和其他福利计划的风险（Schick，2000）。对于社保基金而言，除保险精算需要涵盖一个生命周期（国际通用为 75 年）外，预算管理也需要纳入长期预算框架。在一些新兴国家，如澳大利亚已经开始实施了。在陆克文政府执政期间澳大利亚进行了预算改革，它发展了代际报告（Intergenerational Report），即包括年度预算、中期预算和长期预算在内的纵跨不同政府执政期间的预算报告，涵盖的预测周期可能长达 40—50 年（赵早早，2014；Hawke and

Wanna，2010）。

第二，透明的财务报告。预算透明有助于促进政府问责和社会公平。在早期的社保基金预算实践之中，美国和欧洲都发展了以现收现付实现制为基础的管理和编制的财务报告，并对外公开，以方便评估和监督社保基金的可持续，确保国家实现社保承诺。到了2008年初时，已有5个国家开始以权责发生制为基础编制预算（Clarke，2010），如英国。这都进一步推动了社保基金财务报告的有效性和透明性。对美国和欧洲福利国家而言，社保基金财务报告都包括了财政预测和实际收支情况、社会保险体系所承担的费用和支出情况等。其中，美国的社保基金报告还进行了详细的财务等级分类（不同类型的精算项目的成本来反映未来的偿付能力），其报告的内容也会随着法案规定的社会保险范围不断变化（高全胜，2015）。美国和欧洲的社保基金财务报告每年在政府内部和向公众公布时，都会详细说明未来的基金收支变化。美国《OASDI年度报告》会具体到哪一年出现赤字，并进行标准情景设定，如采取一项措施会使得赤字延长至哪一年出现等（崔晓冬，2010）。这都可以更好地帮助上一级政府和公众了解整体的社会保险方案的财政状况、政府未来福利的承诺和规模，以及对个人未来的福利和宏观经济的影响。透明的财务报告既有助于高层次计划的统筹整合，也有助于增进公众的满意度和信任。事实上，要使财务报告更加透明，一是要在政府内部和向公众公开，特别是需要以公众理解的形式，多角度的呈现；二是需要全面反映社保基金运作信息，这就使得中长期预算框架显得更加重要。

3.2 中国社会保险基金预算实践：历史与现时

3.2.1 中国社保基金预算的历史发展阶段

中国的社保基金预算起步较晚，其历史发展可以分为四个阶段。第一阶段，企业收支，无政府预算（1953—1978年）。在计划经济时代，并不存在覆盖全国的社会保险制度，而是以城市为主的城乡二元化的社会福利体系，社会化程度和覆盖率较低。在城市，主要依靠"单位福利制度"来对城镇职工直接提供各种福利和服务，各项社保的征缴和支付都由企业全面承担，其中，国有企业负担了大部分城镇职工的高额劳动保险。农村则在集体经济的基础上，由人民公社提供部分福利服务，如预防性卫生医疗等，同时建立"五保户"即保吃、保穿、保住、保医、保葬（孤儿为保教）等集体福利制度，社保的征缴和支付并不存在，集体替代了部分少量的社保功能。由于缺乏国家社会保险框架，在整体政府财政支出和收入之中，社会保险收支是一个可以忽略的部分（Clarke，2010），所以，国家并未发展相应的预算予以管理。

第二阶段，社保和单位相结合的财政体制瓦解，初次提出社会保障预算[1]的概念（20世纪80年代中期至90年代中期）。为了更好地配合1978年提出的市场化改革的构想，1986年"七五"计划提出，"要通过多种渠道筹集社会保障资金，改革社会保障管理体制。"并开始建设跨单位的社保经办机构，作为独立

---

[1] 开始并未明确是否将社会保险分离、单独编报，还是应将包含社会保险的社会保障体系所有内容全部纳入，所以叫社会保障预算。

的社保资金筹集和管理部门（刘军强，2011）。在此基础上，1993年，中共十四届三中全会通过的《关于建设社会主义市场经济体制若干问题的决定》首次提出"建立政府公共预算和国有资产经营预算，并可以根据需要建立社会保障预算和其他预算"。1994年，国家颁布《预算法》，明确了"各级政府预算按照复式预算编制"，此后，又出台了《预算法实施条例》，对复式预算做出了说明，即"分为政府公共预算、国有资本经营预算、社会保障预算和其他预算"。

第三阶段，社保资金预算外管理阶段（1996—2005年）。由于社会保障体系尚未完全建立，相应的资金管理机构也刚刚起步，所以，在1996年出台《国务院关于加强预算外资金管理的决定》中明确规定，以政府信誉强制建立的社会保障基金在国家财政建立社会保障预算制度以前，先按预算外资金管理制度进行管理，专款专用，实行"收支两条线管理"（卜海涛，2010）。由于缺乏预算和立法约束，各地社保资金的效率极其低下，并且存在着诸多挪用的现象，甚至产生腐败。尽管采用预算外管理的方法，财政部还是开始积极研究建立社会保障预算问题，并草拟了《关于建立社会保障预算的初步设想》，提出了社会保障预算编制的两种形式，即"板块式"社会保障预算方案和"一揽子"社会保障预算方案。在这一时期，河北以及湖北的枝江、仙桃和襄樊三市分别就这两个模式进行了积极的实践。除这两种模式外，广东和福建还发展出第三种模式，即采用单独编报社保基金预算的模式（见表3.1）。这一时期，社保基金预算模式的探索，仅限于地方实践，并未在全国进行推广。

表 3.1 社保预算模式总结[1]

模式	一揽子	板块式	社会保险基金预算
地区和实施年份	湖北枝江（1999）、仙桃（1999）、襄樊（1999）	河北（2002年开始探索，2003年全省推广，2004年建立）	广东（2005省人大听取并审议，2006年全省编制）、福建（2001），全国推广（2010）
预算制度	将政府一般性税收收入安排的社会保障性支出、各项社会保障基金收支、社会筹集的其他社会保障资金收支、社会保障事业单位的收入等作为一个有机的整体，编制涵盖内容全面的一揽子社会保障资金预算	在政府公共预算中建立社保基金收支科目，包括社保基金收支、社保财政专项、政府公共预算安排的社会保障资金（该项在公共预算中进行抵扣）	社会保险经办机构按统筹层次由下自上层层编制，层层汇总，仅涉及社保基金收支
和公共预算的关系	全面的财政责任	既从属于公共预算，又和公共预算并行，具有半独立性	单独编报，基金不能用于平衡公共财政

资料来源：根据《襄樊年鉴2001》《河北财政年鉴2006》相关内容整理。

第四阶段，社保基金预算形成时期（2005—2010年）。2005年，在《国务院关于2005年深化经济体制改革的意见》（国发〔2005〕9号）中提出了改革和完善非税收入收缴管理制度并逐步实行全口径预算管理的目标。全口径预算管理意味着所有收支都必须进入预算，合理合法的使用。这为社保基金纳入预算管理提供了文件依据。2006年，《国务院批转劳动和社会保障事业发展"十一五"规划纲要的通知》明确要求建立健全社会保险基金预决算制度，将预算外收入中的一大块——社保——纳入其中。2007年和2008年的全国人大都在预算审查报告中提出要将

---

[1] 笔者发表在《甘肃行政学院学报》2017年第3期上的论文《地方政府社会保险基金预算的模式与挑战：基于440份公开文本资料的分析》中提出。

基本养老、基本医疗、失业、工伤和生育等社会保险基金纳入预算管理，研究编制社会保障预算（卜海涛，2010），并在2009年3月的全国人大会议中要求将社会保险包括在国家预算编制之中。2009年5月，胡锦涛总书记在十七届中央政治局第十三次集体学习时的讲话中指出，"要研究建立社会保障基金预决算制度，强化预算约束，形成稳定的基金来源渠道，提高保障能力和水平"。同年12月，国务院决定开展预算管理试点。2010年初出台的《国务院关于试行社会保险基金预算的意见》（国发〔2010〕2号），要求在全国范围内单独编制社保基金预算，并在2013年开始提交人大审查。自此，地方社保预算编制实践全面铺开。社保基金预算的相关法律、政策、文件可参见附表1。

3.2.2 中国社保基金预算模式变迁[1]

根据《预算法》（2014年修正），社保基金预算是指单独针对社会保险基金险种进行的预算编制，和一般公共预算、政府性基金预算和国有资本预算并称为"四本账"。它须按照统筹层次从地方到中央层层汇总。根据财政部2010年3月11日出台的《社会保险基金预算编制手册》，社保基金预算遵循依法建立、规范统一；统筹编制，明确责任；专项基金，专款专用；相对独立，有机衔接；收支平衡，留有结余的原则进行编制。其范围包括《社会保险法》明确的所有9项社会保险基金，即城镇职工基本养老保险基金、失业保险基金、城镇职工基本医疗保险基金、工伤保险基金、生育保险基金、城镇居民社会养老保险基金、新

---

[1] 该部分源于笔者2017年发表在《甘肃行政学院学报》上的论文《地方政府社会保险基金预算的模式与挑战：基于440份公开文本资料的分析》中的部分内容。

型农村社会养老保险基金、城镇居民基本医疗保险基金、新型农村合作医疗基金 9 项险种。伴随着社会保障改革的推进,机关事业单位养老保险预算也纳入社会保险基金预算编制之中。新型农村社会养老保险和城镇居民社会养老保险也进行了合并,编制城乡社会养老保险基金预算;新型农村合作医疗保险和城镇居民基本医疗保险也合并为城乡居民基本医疗保险基金预算。社会保险基金预算的编制对深化"全口径"预算改革,保持财政可持续和稳定宏观经济产生了积极的影响。

3.2.2.1 社保预算编制内容和流程

社保基金预算须按照统筹级次编制年度预算,其范围包括《社会保险法》明确的所有 9 项社会保险基金。2013 年,上海共涵盖 12 项社会保险险种,包括国家要求 9 项险种外,还包括该市现有的小城镇基本养老保险基金、小城镇基本医疗保险基金、外来从业人员综合保险基金等 3 项险种。大部分省份都将社保预算编制扩展到 9 项险种。此外,每个省在险种全部纳入预算编制的时间上并不一致。广西在 2012 年才将 9 项险种全部纳入,且不包括机关事业养老保险。重庆于 2013 年将机关事业养老保险纳入编制范围。北京、江苏、山东在 2014 年机关事业单位改革以后将该项纳入预算编制的范围。宁夏在 2015 年底,开始将该项内容纳入,并报自治区人大审批。安徽、北京在 2016 年纳入;贵州则在 2017 年才纳入。

在预算编制流程上,各省市社保基金预算草案由县(市)区经办机构编制,并需要认真编写基金预算报表数据和编报说明。以黑龙江为例,社会保险基金预算编报说明需分险种进行分析,主要包括预算安排的依据、各项社会保险基金收支预算变动的幅度与金额、测算因素、影响程度、测算依据、预算编制情况，存在问题，加强管理的建议和措施等。对于收入增幅较低、支出增幅较大，以及财务状况发生重大变化的项目须进行详细说明。[1] 而福建省自2006年起则将基金决算报表将作为省里研究社会保障形势、制定相关政策的基础数据。[2]

根据《国务院关于试行社会保险基金预算的意见》（国发〔2010〕2号），社保预算编制采取的是"一上一下"的预算编制流程（见图3.1）。即预算草案由统筹地区社会保险经办机构编制，经本级人力资源社会保障部门或经办机构汇总，财政部门和人力资源社会保障部门审核后，由财政、人力资源社会保障部门联合报送本级政府审批后上报中央，如四川、河南焦作、贵州等地的预算实践。最后，中央再对全国31个省2 000多个统筹地区的社保基金预算进行汇总和编制，形成全国社保基金预算草案。

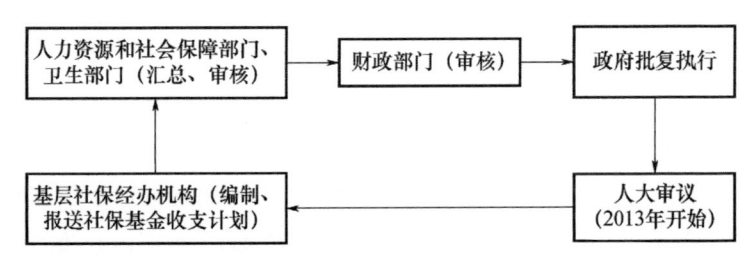

图3.1 社保基金预算编制流程图（一上一下）

此外，该文件还规定，如果社会保险费是由税务机关征收

---

[1] 参见《关于印发黑龙江省新型农村和城镇居民社会养老保险基金财务管理暂行规定的通知》（黑人社发〔2012〕66号）。
[2] 参见福建省财政厅、福建省劳动和社会保障厅《关于编报2005年度全省社会保险基金决算的通知》（闽财社〔2006〕2号）。

的，社会保险基金收入预算草案由社会保险经办机构会同税务机关编制。如河北社保基金收入计划由省人力资源和社会保障部门会同省地方税务机关编制经省财政部门审核后，报省政府批准下达；基金支出和调剂计划由省人力资源和社会保障部门会同省财政部门编制，报省政府批准下达。在编制主体上，有些省份还采取财政局社保科和人社局共同编制的模式，如湖南怀化。而安徽为了更好地协调社保基金预算编制主体，直接成立了由省财政厅、劳动与人力资源社会保障厅和地税三部门及经办机构组成的预算编制工作小组，就预算编制进行共同协商和审核。

除"一上一下"的预算编制模式外，广西、云南、山东和安徽参照部门预算编制采用"两上两下"的模式（见图3.2）。

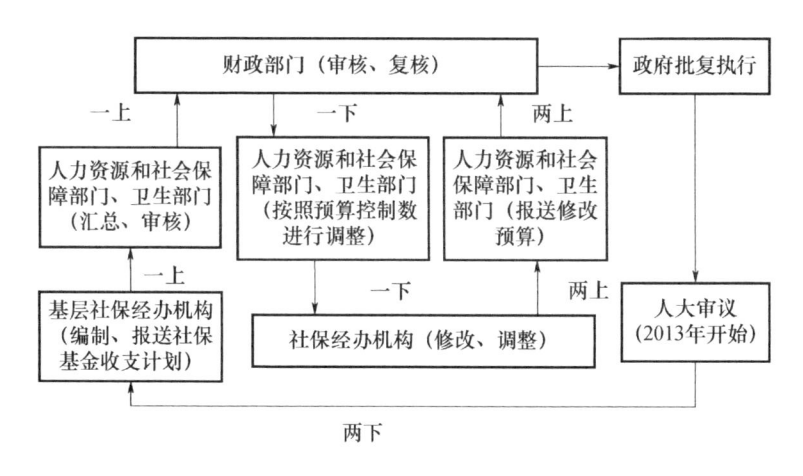

图 3.2 社保基金预算编制流程图（两上两下）

即社保基层预算单位提出收支预算建议计划，主管部门审核汇总后，编制本部门社会保障收支预算建议，并报财政部门；财政部门审核预算建议，提出预算控制数，下达主管部门进行调整；主管部门根据预算控制数调整后，形成部门预算草案上报财政部门；财政部门审核预算草案，汇总形成社会保障预算，报政府批复执行。其中，广西壮族自治区还采取"集体会审，逐市审核"的办法，召开会审会议对全区14个市进行逐市会审，并下达审核修改意见。

以安徽在2010年开始的企业职工基本养老保险基金预算编制为例，"两上两下"的具体做法为：每年年初，各市级统筹地区企业职工基本养老保险经办机构（以下简称"经办机构"）按照省财政厅规定的基金预算的表样、时间和要求等，根据各市级统筹地区上年度预算执行情况和本年度收支预测，编制基金年度预算草案，报经同级财政、人力资源社会保障和地税部门审核后省财政厅、省人力资源社会保障厅和省地税局，同时抄送省级经办机构（省社会保险事业管理局）；省级经办机构编制汇总全省基金预算草案后报省财政厅、省人力资源社会保障厅和省地税局。随后，省财政厅、省人力资源社会保障厅和省地税局结合全省基金收支等因素，审核各市级统筹地区基金收支预算，并向各市级统筹地区下达预算控制数，完成"一上一下"的预算编制过程。在"二上二下"的阶段中，各市级统筹地区根据省级下达的预算控制数，补充新增的影响因素，调整完善基金预算收支草案文本，由各市级统筹地区财政、人力资源社会保障和地税部门报省财政厅、省人力资源社会保障厅和省地税局，抄送省级经办机构；省级经办机构编制汇总新的基金预算草案文本，报经省人力资源社会保障厅会省地税局审核后报省财政厅复核。省财政厅复核后报经省人民政府审批。省人民政府批准后，由省财政厅向省人力资源社会保障厅、省地税局和各市级统筹地区批复执行，并抄送中国人民银行合肥中心支行、抄报财政部和人力资源社会保障部备案（有关审批程序如与国务院即将出台的社会保险基金预算编制办法不一致，按其相关规定办理）[1]。有些省份[2]则明文规定，采取自下而上和自上而下相结合的方式进行，如河南焦作。

3.2.2.2 立法机关审议

在西方福利国家，立法机关在社保基金预算上的权力主要在于：第一，设定和变更权利门槛、应享待遇标准和筹资方式（张炭、赵早早，2019）。第二，授权颁布多部法规，详细地规定了预算的范围、程序、方法和内容编制（娄宇，2018）。第三，审查批准包含社保基金的财政补贴和担保的政府预算案（张炭、赵早早，2019）。而在中国，人大对社保基金的预算监督主要包括两个方面（张炭、赵早早，2019）：第一，由中央和全国人大确定统一的退休年龄、缴费比例等权利门槛和筹资法则。据此，各级人社部门根据地区情况，如参保人口、平均工资等具体数字进行社保基金收支核算并予以编制，层层汇总。第二，各级人大负责审查批准本级的社保基金预算，主要包括各个险种的社保基金收入预算和社保基金支出预算。

2013年，我国开始在地方推行社保基金预算的人大审议。但是，各省在提交时间上步伐不一，且各省人大审议的范围也存在着差异。如浙江的宁波早在2011年就已经将当时编制的5项险种的预算提交市人大审查。宁夏回族自治区财政厅于2010年

---

[1] 参见《安徽省企业职工基本养老保险基金预算管理办法（试行）》，2009。
[2] 含自治区、直辖市，下同。

将试编的2010年社会保险基金收支计划作为预算报告的附件材料，报送自治区人大代表和政协委员参阅。福建省和海南省从2014年起将一般公共预算、政府性基金预算、国有资本经营预算、社会保险基金预算共同纳入年度预算草案，按程序提交同级人大审议，使政府收支全部纳入预算（张岚，2017）。全国人大的审议主要表现在人大审查批准的各个险种的收入预算和支出预算。先由中央和全国人大确定统一的退休年龄、缴费比例等权利门槛和筹资法则（张岚、赵早早，2019）。据此，各级人社部门根据地区情况，如参保人口、平均工资等具体数字进行社保基金收支核算并予以编制。各级人大负责审查批准本级的社保基金预算，最后层层汇总，由全国人大予以审议（张岚、赵早早，2019）。此外，各级人大还需要对预算计划进度进行比较，将社保基金计划与预算契合度、预计执行数与决算契合度、预算数据与决算数据契合度以及预算进度是否与时间进度同步等都纳入审查的范围（张岚、赵早早，2019）。

为了更好地对社保基金收支进行监督管理，我国在提升各级人大预算监督权力上也做出了诸多有益的尝试和探索，如扩大审议范围，由初期预算编制的5项扩展到12项（邓力平，2018），为人大提供更加完整和细化的预算监督信息以追踪定位社保活动及其问题等（张岚、赵早早，2019）。此外，由于我国一些地区的社保基金预算开始进行3年滚动预算编制，如云南和青海，和年度社保基金预算一起提交人大审议，以评估社保基金收支所带来的中期财政影响。因此，人大不仅需要审查当年的社保基金预算，而且还要审查未来3年社保基金收支是否能够应对福利构成或者经济环境（如通货膨胀等）的变化，来实现总体的财政目标和财政可持续（张岌、赵早早，2019）。目前，预算信息透明度不够、地方人大监督的自主性不强以及专业人员缺乏的问题制约着人大预算监督权力的提升（张岌、赵早早，2019）。

3.2.2.3 预测

大部分省市会综合考虑统筹地区上年度基金预算执行情况、本年度国民经济和社会发展计划、人力资源社会保障事业发展规划、社会保险政策和财政补助政策等因素来编制年度社保基金预算。对于社保基金盈余较多的省份，他们觉得社保基金不需要做中期规划，差不多只会提前几个月来进行预警。[1] 但是，部分省市走得更远。它们将年度预算放入更长的时间框架中或开始采用3年滚动财政规划[2]，来完善社保预算编制（见表3.2）。如湖北宜昌的夷陵区和辽宁省辽阳市在进行2015年、2016年的社保基金收支预测和预算编制时，会分析近3年各项社保基金参保人数、缴费基数、收益率等增减变动情况，对影响基金收支预算的各种因素进行充分考虑。新疆霍城则须考虑连续3年以上的全年汇总数据及其季度完成情况的对比数据，并且从以往以收支参数表完成收支总表的编制方法上，新增了收支因素表，使基金预算数据的分析更加细化。云南和青海则在编制年度预算草案的情况下，还编制了3年滚动财政规划。

---

[1] 据对沿海城市珠海的访谈，市人大和财政部门认为资金充裕，结余较多，不需要考虑几年情况。

[2] 有些省份采取3年滚动财政规划，即除编制年度预算外，还编制从当年开始往后3年的社保基金预算草案。有些省份则只在年度预算中考虑前3年的相关指标。

表 3.2　社保基金预算中期财政框架[1]

时间长度	1 年	3 年
省份	福建、广西、江西、陕西、上海	青海、辽宁、山东[3]、云南、湖北、甘肃、新疆、安徽

说明：1. 将年度预算中考虑 3 年情况的和编制 3 年滚动财政规划的省份都列为具有中期财政框架的省份。
　　　2. 江西在编制 2016 年社保基金预算时开始探索社保基金 3 年滚动规划。
　　　3. 山东对企业职工基本养老、城镇职工基本医疗、失业、工伤、生育等保险基金的收支预算编制，确定测算公式，通过计算前 3 年平均增长水平、比上年增长水平和综合增长率，对基金收支进行测算。

3.2.3　中国社会保险基金现状概览：基于 1990—2020 年的数据分析

经过 10 年的发展，社保基金预算模式已经基本成型，全国的社保基金收支亦呈现出预算平衡且有结余的状态。但是，伴随着日益增长的社保支出需要，以及社保基金体制上的问题，如双轨制、无序的财政补贴以及谨慎的储备金管理等，再加上预算管理的不成熟，社保基金预算收支的总额控制一直备受挑战。这一情况在 2019 年年底的新冠肺炎疫情暴发后，开始变得严峻起来。本部分主要通过 1990—2020 年的数据描述和分析社保基金预算平衡的历史和现时的发展。

3.2.3.1　全国社保基金收支现状

社会保险体系的改革继续朝向社会共济模式迈进，即由国家、单位（企业）、个人三方共同为社会保障计划融资，主要包括个人和单位缴费、财政配套三个部分。社保基金和财政之间的

---

[1]　笔者发表在《甘肃行政学院学报》2017 年第 3 期上的论文《地方政府社会保险基金预算的模式与挑战：基于 440 份公开文本资料的分析》中提出。

关系主要表现为两个方面。第一，县级以上人民政府对社会保险事业给予必要的经费支持。包括：县级以上政府在社保基金支付不足时给予补贴，在养老基金出现不足时，政府承担兜底的责任。地市完成年度预算收入，工伤保险基金支出仍有缺口的，由省给予补助，或动用原有基金结余。未完成征缴预算形成的支付缺口，由同级财政予以补足（参见黔人社厅发〔2014〕20号）。第二，养老、失业、工伤、生育四大社会保险体系由社会保险基金支付。但社会保险基金里基本城乡养老基金收入和基本城乡医疗基金收入都包含了财政补贴收入，各级财政预算单位需要进行基金配套。而社会保险基金的投资上，按国务院规定，基金除预留两个月支付费用外，全转存为银行定期的存款或者用于购买国家债券（方敏津，2016）。

虽然经过数年的改革，社会保险基金快速增长，支付能力空前提高，尤其是社会保险金结余逐年上升（见表3.3）。截至2019年，全国社会保险基金收入80 844.09亿元，增长2.3%。其中，保险费收入57 849.05亿元，财政补贴收入19 392.61亿元。全国社会保险基金支出74 989.23亿元，增长11.3%。当年收支结余5 854.86亿元，年末滚存结余94 026.97亿元。[1]

表3.3　1990—2019年的社会保险基金收支及累计结余　单位：亿元

年份	合计	基本养老保险	失业保险	基本医疗保险	工伤保险	生育保险
基金收入						
1990	186.8	178.8	7.2			
1995	1 006	950.1	35.3	9.7	8.1	2.9

---

[1] 参见财政部：《关于2019年中央和地方预算执行情况与2020年中央和地方预算草案的报告》。

续表

年份	合计	基本养老保险	失业保险	基本医疗保险	工伤保险	生育保险
1996	1 252.4	1 171.8	45.2	19	10.9	5.5
1997	1 458.2	1 337.9	46.9	52.3	13.6	7.4
1998	1 623.1	1 459	72.6	60.6	21.2	9.8
1999	2 211.8	1 965.1	125.2	89.9	20.9	10.7
2000	2 644.9	2 278.5	160.4	170	24.8	11.2
2001	3 101.9	2 489	187.3	383.6	28.3	13.7
2002	4 048.7	3 171.5	213.4	607.8	32	21.8
2003	4 882.9	3 680	249.5	890	37.6	25.8
2004	5 780.3	4 258.4	291	1 140.5	58.3	32.1
2005	6 975.2	5 093.3	340.3	1 405.3	92.5	43.8
2006	8 643.2	6 309.8	402.4	1 747.1	121.8	62.1
2007	10 812.3	7 834.2	471.7	2 257.2	165.6	83.6
2008	13 696.1	9 740.2	585.1	3 040.4	216.7	113.7
2009	16 115.6	11 490.8	580.4	3 671.9	240.1	132.4
2010	19 276.1	13 872.9	649.8	4 308.9	284.9	159.6
2011	25 153.3	18 004.8	923.2	5 539.2	466.4	219.8
2012	30 738.8	21 830.2	1 138.9	6 938.7	526.7	304.2
2013	35 252.9	24 732.6	1 288.5	8 248.3	614.8	368.4
2014	39 827.7	27 619.9	1 379.8	9 687.2	694.8	446.1
2015	46 012.1	32 195.5	1 367.8	11 192.9	754.2	501.7
2016	53 562.7	37 990.8	1 228.9	13 084.3	736.9	521.9
2017	67 154.2	46 613.8	1 112.6	17 931.6	853.8	642.5
2018	79 254.8	55 005.3	1 171.1	21 384.4	913	781
2019	83 550.4	57 025.9	1 284.2	24 420.9	819.4	
基金支出						
1990	151.9	149.3	2.5			
1995	877.1	847.6	18.9	7.3	1.8	1.6

续表

年份	合计	基本养老保险	失业保险	基本医疗保险	工伤保险	生育保险
1996	1 082.4	1 031.9	27.3	16.2	3.7	3.3
1997	1 339.2	1 251.3	36.3	40.5	6.1	4.9
1998	1 636.9	1 511.6	56.1	53.3	9	6.8
1999	2 108.1	1 924.9	91.6	69.1	15.4	7.1
2000	2 385.6	2 115.5	123.4	124.5	13.8	8.3
2001	2 748	2 321.3	156.6	244.1	16.5	9.6
2002	3 471.5	2 842.9	182.6	409.4	19.9	12.8
2003	4 016.4	3 122.1	199.8	653.9	27.1	13.5
2004	4 627.4	3 502.1	211	862.2	33.3	18.8
2005	5 400.8	4 040.3	206.9	1 078.7	47.5	27.4
2006	6 477.4	4 896.7	198	1 276.7	68.5	37.5
2007	7 887.8	5 964.9	217.7	1 561.8	87.9	55.6
2008	9 925.1	7 389.6	253.5	2 083.6	126.9	71.5
2009	12 302.6	8 894.4	366.5	2 797.4	155.7	88.3
2010	15 018.9	10 755.3	423.3	3 538.1	192.4	109.9
2011	18 652.9	13 363.2	432.5	4 431.4	286.4	139.2
2012	23 331.3	16 711.5	450.6	5 543.6	406.3	219.3
2013	27 916.3	19 818.7	531.6	6 801	482.1	282.8
2014	33 002.7	23 325.8	614.7	8 133.6	560.5	368.1
2015	38 988.1	27 929.4	736.4	9 312.5	598.7	411.5
2016	46 888.4	34 004.3	976.1	10 767.1	610.3	530.6
2017	57 145	40 423.8	893.8	14 421.7	662.3	743.5
2018	67 792.7	47 550.4	915.3	17 823	742	762
2019	75 346.6	52 342.3	1 333.2	20 854.2	816.9	
基金结余						
1990	117.3	97.9				
1995	516.8	429.8	68.4	3.1	12.7	2.7

续表

年份	合计	基本养老保险	失业保险	基本医疗保险	工伤保险	生育保险
1996	696.1	578.6	86.4	6.4	19.7	5
1997	831.6	682.8	97	16.6	27.7	7.5
1998	791.1	587.8	133.4	20	39.5	10.3
1999	1 009.8	733.5	159.9	57.6	44.9	13.9
2000	1 327.5	947.1	195.9	109.8	57.9	16.8
2001	1 622.8	1 054.1	226.2	253	68.9	20.6
2002	2 423.4	1 608	253.8	450.7	81.1	29.7
2003	3 313.8	2 206.5	303.5	670.6	91.2	42
2004	4 493.4	2 975	385.8	957.9	118.6	55.9
2005	6 073.7	4 041	519	1 278.1	163.5	72.1
2006	8 255.9	5 488.9	724.8	1 752.4	192.9	96.9
2007	11 236.6	7 391.4	979.1	2 476.9	262.6	126.6
2008	15 225.6	9 931	1 310.1	3 431.7	384.6	168.2
2009	19 006.5	12 526.1	1 523.6	4 275.9	468.8	212.1
2010	23 407.5	15 787.8	1 749.8	5 047.1	561.4	261.4
2011	30 233.1	20 727.8	2 240.2	6 180	742.6	342.5
2012	38 106.6	26 243.5	2 929	7 644.5	861.9	427.6
2013	45 588.1	31 274.8	3 685.9	9 116.5	996.2	514.7
2014	52 462.3	35 644.5	4 451.5	10 644.8	1 128.8	592.7
2015	59 532.5	39 937.1	5 083	12 542.8	1 285.3	684.4
2016	66 349.7	43 965.2	5 333.3	14 964.3	1 410.9	675.9
2017	77 311.6	50 202.2	5 552.4	19 385.6	1 606.9	564.5
2018	89 775.5	58 151.6	5 817	23 440	1 784.9	582
2019	96 977.8	62 872.6	4 625.4	27 696.7	1 783.2	

资料来源：国家统计局，2020。

事实上，在20世纪90年代末开始建立了社会保障制度后，除了1997年、1998年、2009年和2010年分别受到亚洲金融危机以及全球债务危机的影响,在 2012 年前,社保基金收入增长是超越支出增长的(见图 3.3)。

(单位:亿元)

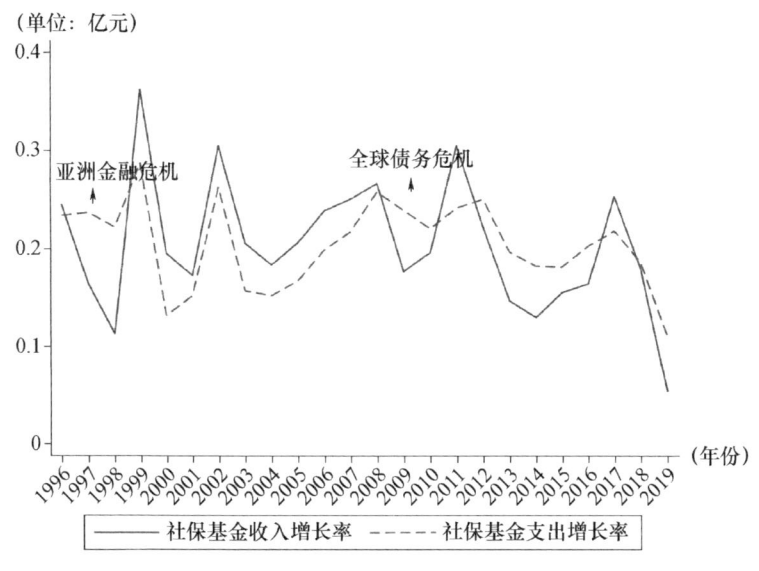

图 3.3　1996—2019 年社会保险基金收支增长率趋势

资料来源:根据《中国统计年鉴 2020》数据整理计算而成。

但是,社会保险基金的使用效率和投资收益率较低,多年来赶不上通货膨胀,处于贬值的风险之中。伴随着日益增加的参保人数(见图 3.4)和待遇水平逐渐提高,基金收入缓慢的增长速度难以跟上支出增长的需要,特别是在 2012 年后,社保基金支出增长率超过收入增值率(2017 年短暂的回升,2018 年社保基金支出增长率又开始低于收入增长率)(见图 3.3),资金缺口不断拉大。社保基金收支压力首先反映在医疗保险和养老保险上,它们在整个社保资金体系中占有的比例最大,一旦资金不可持续,就会对宏观经济和社会稳定造成威胁。2007 年后,养老和医疗参保人数迈入了快速增长的轨道，特别是医疗几乎呈现接近直线式的增长（见图3.4），都给社保基金给付带来了压力。同时，由于社保基金管理和配置效率不佳，医保基金大量结余并在医药费用不断上涨的形势下日益贬值，如果持续发展，将会使得医保基金不堪重负（顾昕，2012）。2013年，重庆居民医保资金缺口高达65.39亿元，原本有大量结余的职工医保也出现2亿元亏损。[1] 在全国层面上，医保基金虽然总量上还有结余，但已有不少地区提前陷入亏损。加上各地均存在着卫生资源过度利用的现象以及统筹层次较低，最终，地方的医保支付压力越来越大（刘军强等，2015），这对中央财政可持续形成了巨大的挑战。

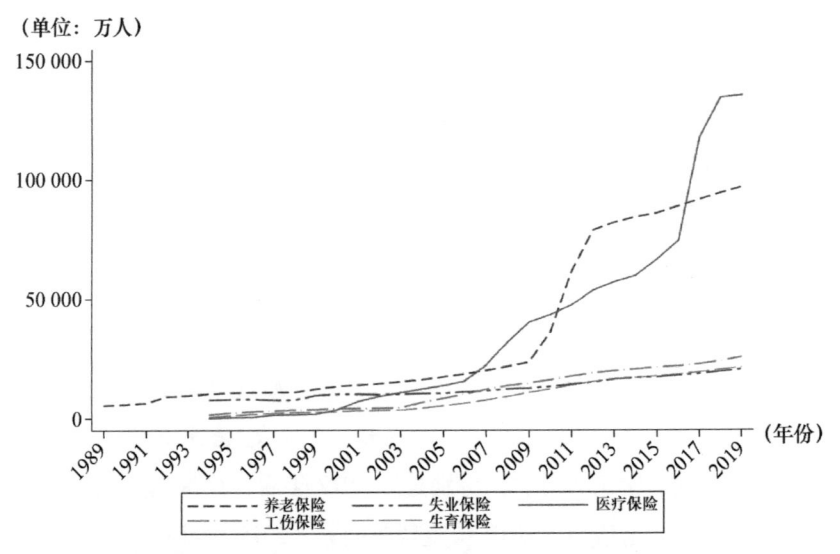

图3.4 1989—2019年社会保险各险种的参保人数

资料来源：根据《中国统计年鉴2020》数据整理而成。

---

[1]《医保付费机制厘须改革》，http://www.thepaper.cn/news Detail_forward_131867，访问日期：2015年5月6日。

根据国家有关规定,社保基金只能存入国有银行或购买国债。但由于种种原因,适合社保基金购买的特种国债多年一直未发行,普通国债利率较低且可用于回购等原因又不适于社保基金购买,导致社保基金实际上只有银行定期存款唯一投资方式(周雪峰,2016)。因此,绝大部分资金都以财政专户存款的形式沉睡在银行中(郑秉文,2014)。由于国家银行是管制利率,与市场利率存在巨大利差(武萍,2012),加之国家不断调低利率水平,使得社保基金利息收益也随之受到影响。近年来,社保基金银行利息收益率在 3%左右,收益率总体水平尚不高,特别是在出现物价上涨较快的时候,这样的收益水平事实上使基金存在隐性贬值的风险,这对于增强基金自身抗风险能力较为不利(周雪峰,2016)。此外,财政对社保统筹基金的补贴也没有计划和预测,支出规模逐渐扩大,1998 年仅为 24 亿元,占当年 GDP 的 0.02%,到 2014 年则高达 3 548 亿元,占 GDP 的 0.6%,1998—2014 年财政补贴合计为 21 887 亿元(郑秉文,2015)。这个数字还在上升。2019 年底到 2020 年期间,受到全球新冠肺炎疫情的影响,全球经济下行,财政收入锐减,为了保障民生、重启经济,社保基金预算支出又开始急速攀升,主要表现在失业、医疗等险种的支出。根据《2019 年中央和地方预算执行情况与 2020 年中央与地方预算草案报告》,2020 年,全国社保基金预算收入 77 287.38 亿元,下降 4.4%,而社保基金预算支出(2020 年增长了 9.7%)及财政补贴却在上升(见图 3.5)。特别是 2020 年一年的财政补贴就高达 21 628.96 亿元(财政部,2020),已经接近前述 6 年(1998—2014 年)财政补贴的总和。鉴于这种不容乐观的形势,该报告指出,2020 年的社保基金预算收支缺口达到 4 996.73 亿元。这对国家宏观财政可持续形成了极为严峻的挑战，从而加大地方债和中央财政的负担。

(单位：亿元)

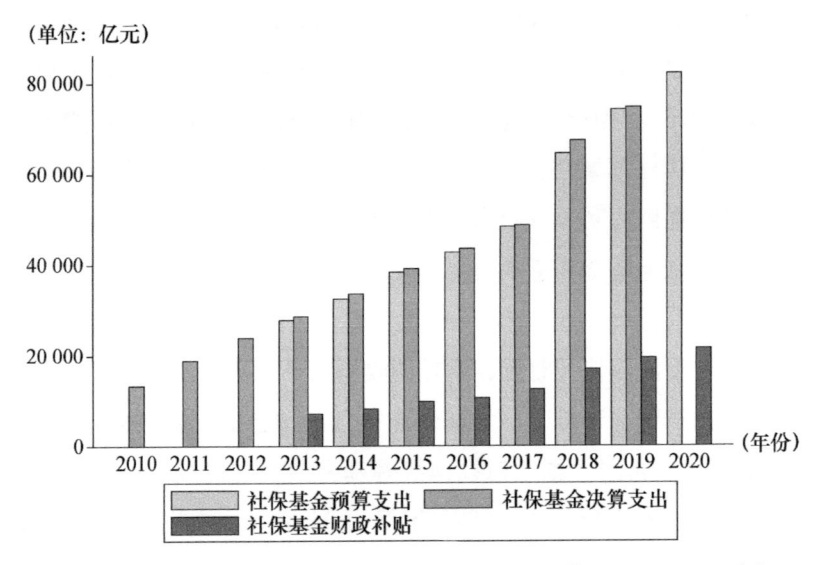

图 3.5　全国社保基金财政补贴、预、决算支出比较（2010—2020 年）

资料来源：根据各年公开的全国社会保险基金决算支出表、全国社会保险基金决算说明、财政部社会保障司公开的社会保险基金预算情况以及《关于 2019 年预算执行情况和 2020 年预算草案报告》中的数据整理得出。此外，2016 年的社保基金预算收支及财政补贴数据是从《2016 年全国社会保险基金决算说明》中的数据整理计算而得。2010 年、2011 年、2012 年社保基金预算数据缺失。

除低效率的社保基金投资管理和无计划且受不可抗力而扩张的财政补贴之外，社保改革中的双轨制特征也加重了政府的财政负担。20 世纪 90 年代以来，我国进行了国企、医疗、就业等诸多体制的改革。当改革进入攻坚阶段时，为了缓解或者消除改革的阻力，政府会加大对潜在利益人的补偿（卢文鹏、尹晨，2004）。由于对历史欠账、国企改革、维持社会稳定所进行的社保财政补贴偿还的时间和数额具有很大的不确定性，社会保险基金支出缺口不断扩大。其中，以养老保险基金最为严重。自1997年以来，各地政府并未做实个人账户，并利用个人账户资金来支付养老转轨成本，致使个人账户空账规模逐年增大，难以实现有效的资金管理和投资经营，收支缺口存在逐年变大的趋势。这也成为中国养老保险体制改革的巨大障碍（山东省社会养老保险基金风险管理机制研究课题组，2010）。

实际上，早有学者指出，单靠社保制度改革难以解决隐性债务问题。因为社保改革的政治时间较短，往往只有5—10年，而社会保险精算一般需要涵盖75年，所以，改革的积极性往往只能创造短期的社保基金盈余，伴随而来的是长期的支出增长以及巨额的隐性债务（Jackson，2004）。针对这种情况，最根本的解决办法在于设置能够反映社保体系实际和未来支付价值及其增长率、负债的预算编制和财政报告（Jackson，2004），而这正是我国积极努力的方向。但是，我国社保基金预算起步10年（2010年开始编制），理性化程度不够，具体表现在预算信息透明程度不强，人大监督不足和预算管理较弱（张岌、赵早早，2019）。根据2010—2020年的预、决算数据，社保基金预算支出和决算支出逐年升高，且逐年的决算支出要略微高于预算支出（见图3.5）。预算和决算产生了些微的偏移，说明了社保基金预算存在小幅度的超支，预算约束有弱化的趋势。

事实上，地方也有社保基金收支预决算偏离的情况，如湖南省本级2018年、2019年都出现了支出决算超出了支出预算的情况，且偏离度［（支出决算－支出预算）/支出预算×100%］超过 10%的情况（施兵，2021）。而根据笔者在地方进行的田野调查[1]，近几年来，由于政策变化的影响，比如全国社保基金统筹力度加大，以及 2019 年底新冠肺炎疫情所导致的"减税降费"政策的影响等，都使得社保基金预算在 2020 年整年的实施过程中不断进行调整，以至于最后的决算与最开始申报的预算具有差距。除支出、费率和待遇的调整政策的影响外，这一现象的产生也在一定程度上和预测不准确、精算以及预算执行效率和监督有关。根据田野调查，地方层面的社保基金预算并无精算。而在预测上，由于受到较多的上级政策影响，地方很难考虑长期的、消耗精力和资金的预算框架及其绩效模式。因为在财权和事权不明的情况下，地方官员认为，他们精心设计的险种预测模型会因为不断向上的统筹或者政策变化而导致所有努力付诸东流。同时，在执行效率和监督上，国家政策变化、地方监管人手不够、数据体量大、平台建设不足、预算编制理性化程度不够等都会导致这一问题的产生。在一定程度上的预决算偏离实属正常，因为很难精准的预知社会经济及其政策的变化，但是，异常的、大范围的预决算偏离度却对政府对下一年度社会保障工作进行决策形成了阻碍，且折射出社保基金预算管理的科学性、理性化和预算监督的约束力还有待加强这些问题。

3.2.3.2 地方社保基金预算收支数据分析

中国社保基金预算编制采取的是层层编制，层层汇总，因此，地方社保基金数据也极为重要，它直接构成了全国社保基金预算的基本数据。全国数据的有效性很大程度上依赖于地方呈报

---

[1] 笔者于 2017—2018 年，2020 年在两个地级市所进行的访谈，第五章会详细介绍。

上来的数据。本部分主要从年份和地区的二维角度来描述和呈现地方社保基金收支全貌。

虽然，中央在2010年就开始在地方推行社保基金预算，但是，自2014年社保基金预算作为"四本账"之一纳入《预算法》（修正）之后，各地才开始慢慢公开完整的社保基金预、决算数据。根据公开的官方数据统计，地方社保基金预算情况存在着较大的差异（见表3.4）。由表3.4可知，各省公开的社保基金预算数据表明，在2019年之前，东部发达地区社保基金预算收支平衡较好且较高，即使个别省份（如河北）短暂出现收不抵支，但是，在后续年份又开始略有结余且结余增长。社保基金预算收支平衡最好的是广东省，每年结余都在增加，且从1 000万左右到接近2 000万元。到2019年和2020年后，广东社保基金盈余开始下滑但是并未跌破1 000万元。浙江、天津市、山东的社保基金预算收支平衡在2019年和2020年开始出现了负数。这可能是因为新冠肺炎疫情以及宏观经济形势的影响。事实上，在2020年能公开找到的29个省份预算数据中，大部分省份的结余都有所下降，且有10个省份出现社保基金预算收支结余负数，包含了东中西部地区（见表3.4和图3.6），而在2018年和2019年，分别只有6个和5个省份结余出现负值，相较于2020年，只有一半左右，且东部和中部地区较少出现负值（见表3.4）。

表 3.4　社保基金预算收支分省情况总表（2014—2020 年）

单位：亿元

		2014	2015	2016	2017	2018	2019	2020
社保基金收入/支出	北京	2 182.8/1 719.4	2 377.3/1 972.9	3 274.5/2 630.3	3 419.3/2 586.6	3 804.2/2 958.6	4 625.5/3 707.8	5 063.9/42 294.9
	天津	801.7/760.5	905.5/881.9	1 099.9/1 082.9	1 471.3/1 427.8	1 408.3/1 401.3	1 556.5/1 559.8	1 714.9/1 785.8
	河北	1 346.2/1 224.8	1 530.8/1 448.4	1 709.4/1 757.7	2 981.7/3 009.9	2 570.8/2 559.4	3 137.9/2 990.8	3 326.3/32 278.4
	山西		994.4/921.3	1 226.7/1 212.1	1 762/1 794.5	1 426.6/1 515.6	1 856.5/1 778.5	5 244.8/5 276.8
	内蒙古		878/800.5	1 148.2/1 128.3	1 656.3/1 709.8	1 316.5/1 361.4	1 533.4/1 568.4	1 812.3/1 919.3
	辽宁		2 137.4/2 104.2	2 530.7/2 803.9	2 777.6/2 726.3	2 808.4/3 446.8	3 526.8/3 923.6	4 091.3/4 241.9
	吉林		834.2/831.7	1 030.2/1 104.4	1 641.4/1 778.8	1 264/1 422.9	2 482.5/22 547.8	3 593.9/3 625.8
	黑龙江							
	上海	2 513.1/2 138.7	2 811/2 579	3 699.7/3 110.3	4 061.4/3 569.2	4 294.3/3 797	4 694.8/4 106.1	4 945.2/4 391.22

续表

	2014	2015	2016	2017	2018	2019	2020
江苏	3 037.5/ 2 714.2	3 468.6/ 3 164.9	3 882.1/ 3 610.6	4 049.2/ 3 866.8	5 610.6/ 5 366.6	7 398.6/ 6 989.9	6 066.9/ 5 787.6
浙江	2 316.2/ 1 929.8	881.7/ 721.7	3 947.2/ 3 762	3 934.2/ 3 884.1	4 421.4/ 4 275.8	4 805.7/ 4 850.5	5 244.8/ 5 844.8
安徽			228.6/ 218.9		387.2/ 269.9	2 683.4/ 2 313.7	4 933/ 4 698.4
福建		930.11/ 744.2	1 258.4/ 1 068.1	1 313.8/ 1 170.1	1 451.2/ 1 262.4	1 745.9/ 1 641.4	1 903.8/ 1 844.4
江西	784.6/ 711.5	907.2/ 861.8	1 047.3/ 938.7	1 416.6/ 1 350.7	1 572.6/ 1 502.9	1 942.9/ 18 229.5	2 012.7/ 1 991.7
山东	2 311.2/ 1 997.6	2 631.9/ 2 465.1	3 564.9/ 3 331.1	3 819.3/ 3 794.6	4 272.4/ 4 241.2	5 119.9/ 5 168.1	5 375.5/ 5 689.3
河南	1 581.3/ 1 347	1 797/ 1 631.5	1 968.2/ 1 805.6	3 367.2/ 3 295.7	2 802.1/ 2 693.4	3 445.2/ 3 190.5	3 746.4/ 3 635.4
湖北			2 468.3/ 2 349.9	3 084/ 3 067.7	3 066/ 3 033	3 593.4/ 3 410.1	4 254.5/ 4 045.7
湖南	1 143.4/ 1 056.5	1 432.5/ 1 306.2	1 528.4/ 1 436	2 381.8/ 2 362.3	2 299.6/ 2 266.2	2 875.8/ 2 644.3	2 864.4/ 2 972.8

社保基金收入/支出

续表

	2014	2015	2016	2017	2018	2019	2020
广东	3 539.4/ 2 427.9	4 061.9/ 2 827.4	5 191.6/ 3 924.9	6 422.8/ 4 721.3	6 923.1/ 5 120.1	7 988.2/ 6 609.3	7 532.1/ 6 416.1
广西	768.9/ 749.9	885.9/ 877.2	1 272/ 1 276.7	1 393.1/ 1 345.8	1 608.5/ 1 555.6	1 855/ 1 717.3	2 027.1/ 1 890.8
海南		267.3/ 239.7	296.3/ 263.1	385.3/ 336.9	447.1/ 381.6	540.1/ 444.9	606/ 523.9
重庆	1 103.3/ 922.9	1 217.7/ 1 079.7	1 480.9/ 1 352.2	1 497.9/ 1 468.9	1 665.9/ 1 633.5	1 847.1/ 1 804.2	2 097.8/ 2 097.8
四川		2 361.4/ 2 290	3 009.4/ 2 968.3	3 317.6/ 3 392.7	3 711.6/ 3 753.5	4 664.7/ 4 348.4	5 108.5/ 4 907.2
贵州		625.8/ 586.3	639.4/ 597.2	1 305.5/ 1 257.6	1 027.9/ 953.1	1 214.6/ 1 100.8	1 362.4/ 1 229.2
云南	896.1/ 750.8	881.7/ 721.7	1 191.9/ 1 019.7	1 543.1/ 1 380.7	1 444.6/ 1 239.1	1 630/ 1 384.3	1 776.7/ 1 551.2
西藏				258.3/ 216.6	240.1/ 224.9	182/ 161.5	205/ 177.8
陕西		1 020.1/ 957.1	1 327.6/ 1 276.5	1 684.2/ 1 643.4	1 624.6/ 1 557.3	2 037.7/ 1 841	2 476.1/ 22 260.2

社保基金收入/支出

续表

		2014	2015	2016	2017	2018	2019	2020
社保基金收入/支出	甘肃			724.9/667.3	1 154/1 091.4	888.1/872.3	1 037.9/1 002.3	1 088.7/1 091.8
	青海	164.6/151.1	197.9/169.5	227.1/265	302/302.5	335.2/326.4	479/455.5	699.4/413.1
	宁夏	191.3/182.4			458.4/473.8	386.8/405.4	406.1/404.5	442.9/443.7
	新疆				1 018.6/950.8	1 106/1 007		
结余（平衡）	北京	463.3	404.5	644.2	832.7	845.6	917.7	769
	天津	41.2	23.6	17	43.5	6.9	3.3	−70.9
	河北	121.4	82.3	−48.4	−28.2	11.3	147.1	47.91
	山西		73.1	14.5	−32.5	−89.3	78	−31.9
	内蒙古		77.5	19.95	−53.4	−44.9	−35	−107
	辽宁		33.2	−273.3	51.3	−638.5	−396.8	−150.6
	吉林		2.56	−74.2	−137.4	−158.9	−65.3	−31.9
	黑龙江							
	上海	374.4	232	589.4	492.2	497.3	588.7	554

续表

结余（平衡）	2014	2015	2016	2017	2018	2019	2020
江苏	290.2	303.6	271.5	182.4	244	408.7	279.37
浙江	386.5	160	185.2	50.1	145.6	-44.8	-599.9
安徽			9.7		117.4	369.7	234.6
福建		185.9	190.4	143.6	188.8	104.6	59.43
江西	73.1	45.4	108.6	65.9	69.7	113.4	21
山东	313.6	166.9	233.9	24.6	31.2	-48.2	-313.8
河南	234.3	165.5	162.6	71.5	108.7	254.6	111
湖北			118.4	16.3	33	183.3	208.8
湖南	86.9	126.3	92.4	19.5	33.4	231.6	-108.4
广东	1 111.4	1 234.6	1 266.7	1 701.5	1 822.9	1 378.9	1 115.9
广西	19	8.66	-4.7	47.3	52.9	137.8	136.24
海南		27.6	33.2	48.4	65.5	95.2	82.1
重庆	180.3	137.9	128.7	28.9	32.5	42.9	0
四川		71.4	41.1	-75.1	-41.9	316.4	201.3
贵州		39.5	42.27	47.92	74.74	113.7	133.1
云南	145.3	160	172.2	162.4	205.5	245.7	225.5

续表

		2014	2015	2016	2017	2018	2019	2020
结余（平衡）	西藏				41.7	15.2	20.5	27.2
	陕西		63	51.1	40.9	67.4	196.7	215.9
	甘肃			57.6	62.6	15.8	35.6	-3.1
	青海	13.5	28.4	-37.9	-0.5	8.8	23.56	286.3
	宁夏	8.9			-15.5	-18.6	1.62	-0.77
	新疆				67.8	99		

说明：空白处为未查阅到公开资料数据或未编制社保基金预算。
数据来源：各省、自治区、直辖市公布的各年度的预算、决算报告和预算表及说明。

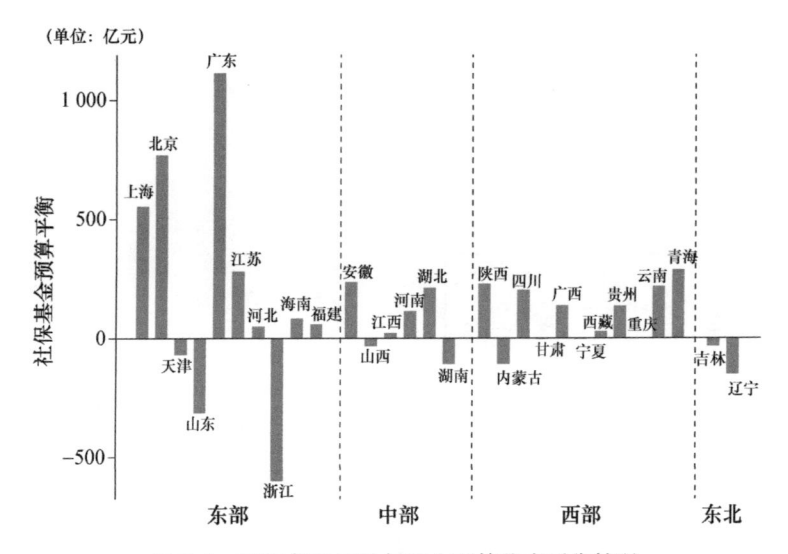

图 3.6　2020 年地区社保基金预算收支平衡情况

说明：省份名字标签在 0 刻度线下的都为负值，由于省份之间差异跨度较大（最大值为-0.77，最小值为-599.99），所以图形显示的几个省份和 0 刻度线较为接近。另外，重庆市社保基金收支平衡为 0。

由表 3.4 可知，从地域分布上看，东北地区，如辽宁和吉林是社保基金预算支出压力最大的地区，从 2016 年起（在法律上正式纳入预算编制的 2 年后），每年都收不抵支。这是因为：东北地区作为老工业基地，国企退休员工较多。社保改革后，实行"老人老办法，新人新办法"，双轨制改革所导致的历史欠账和日益严重的老龄化人口问题叠加在一起，最终，东北地区的社保基金收支预算不堪重负，逐年赤字。西部地区的社保基金预算收支问题紧随东北地区，主要是宁夏回族自治区和内蒙古自治区社保基金出现亏损的年份较多。中部地区在 2014—2020 年期间，社保基金预算收支总体保持平稳，从公开的数据上看，主要是湖南一个省份在 2020 年出现了收不抵支的情况。

此外，各地的决算支出水平也存在着的差异，上海、江苏和山东等东部发达地区的社保基金决算支出远高于重庆、陕西、宁夏和青海等西部地区（见图 3.6）。这也间接反映了社保服务供给呈现出地区不平衡的状态。这可能与地区经济发展和人口由西向东流动有关。此外，我国《社会保险法》和有关行政法规、国务院决定等对被保险人享受保险待遇条件和标准有较为明确的规定。但是，也有部分待遇给付条件和标准被授权由省级政府确定或者统筹级别的政府规定（张荣芳，2015）。对于社保基金收入而言，各地企业的缴费往往要根据地方的社保基金财务状况而定。对于社保基金支出而言，尽管国家对个人应享受什么样的保险待遇有统一的标准，但实际上各地提供的保险待遇往往要高于国家标准，比如在一些富裕的沿海省，养老金就比较高（Clarke，2010）（见图 3.6）。这表明了社保缴费和待遇的法定化程度较低。同时，应该说明的是，社保基金支出过大可能会对地方政府的财政可持续形成压力，特别是财政能力和社保基金结余水平都较为贫瘠的西部地区。但是，这些压力也开始在一些沿海发达省份显现（见图 3.6）。根据对沿海的地方调研，也支持了这一数据结论。[1] 实际上，由于近几年的统筹政策以及 2020 年的减税降费政策的影响，就连社保基金收支平衡的广东省也有部分城市的社保基金已经在当年赤字运行，需要依靠滚存结余或者财政补亏来得以维持。一旦地方政府社保基金难以持续，中央财政将会面临巨大的挑战。

在社保基金支出决算中，养老金支出一直占据高位，特别是

---

[1] 详见第五章的案例分析。

江苏、辽宁和山东，这些都是经济发达地区或者老工业基地（见图3.7）。尽管养老金支出较高，但是，很多地区未能真正建立社会养老保险金随物价或工资增长率的指数调整机制（武萍，2012），使得基金累积难以匹配经济发展和物价水平。在剔除财政补贴之后，有半数省份基本养老保险基金收不抵支，隐性债务规模庞大（郑秉文、孙文勇，2012）。如宁夏回族自治区，在2013年有18个市县养老保险金当期收不抵支，当年基金收不抵支8.86亿元，已动用历年积累来解决养老金发放问题。2014年，需自治区调剂基金的市县继续增加，全自治区城镇职工养老保险基金已出现当期收不抵支，收入117.18亿元，总支出118.26亿元，如果扣除中央财政补贴基本养老保险基金20.42亿元，则基金缺口更大（陈之曦，2016）。而经济发达的广州也面临着同样的困境，从2014年起，城乡居民养老金的收入大幅下降，2015年的收入降幅已达到30%，而支出却一直稳定增长。[1] 基本上，有半数省份养老保险制度收不抵支，这意味着，一方面，统筹单位（实现省统筹的17个省份）积累的余额逐年提高，基金规模不断膨胀，但却不能用于横向调剂；另一方面，15个收不抵支的省份（含新疆生产建设兵团）需要财政补贴，用于保证当期养老金的发放（郑秉文、孙文勇，2012）。

近些年来，国家也不断加大地方统筹的力度，并努力向实现全国统筹而努力。全国统筹的实现，有利于中央政府发挥再分配的权利，方便从更高的层面，统一调节和解决各地社保基金收支不平衡的问题，实现社保服务供给均等化。但是，全国统筹是否

---

[1] 2015广州社保基金收支情况一览，养老金持续亏损，2016年2月3日，http://gz.bendibao.com/news/201623/content210587.shtml。

能够有效实现还受到各地基础信息网络平台、统一费基费率、各地各部门之间的权责界定等因素的影响（陈文美、陈凤娟，2016）。

(单位：亿元)

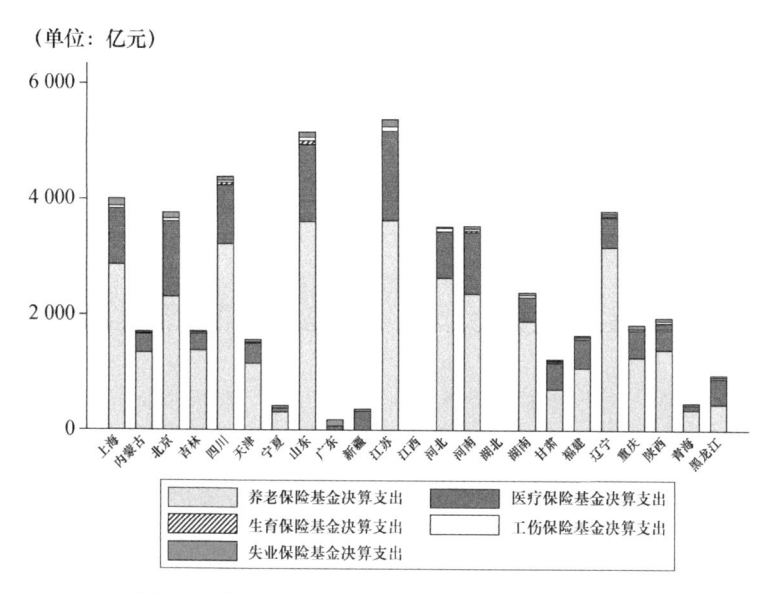

图 3.7　各地社保基金分险种决算支出（2019 年）

资料来源：各地的决算报告，其中，缺乏浙江、海南、广西、贵州、云南、西藏自治区和安徽的数据，未公开查询到广东养老和医疗的社保基金决算支出数据，且只公开查询到新疆维吾尔自治区的医疗和生育保险基金决算支出数据。

第四章 中国社会保险基金隐性债务规模计量模型与分析：以城镇职工养老保险为例

4.1 宏观经济社会历史与现实描述（1970—2019年）

实际上，社保基金的隐性债务风险和一国的经济发展程度密切相关。当经济发展水平较高时，政府会迫于压力承诺并兑现各种福利支出，而当经济状况不佳时，政府则成为经济风险的承担者（Schick，2003），从而有可能逃避或者难以兑现这些承诺。除经济发展外，人口结构、医疗覆盖面和成本等社会情况都会影响到政府承担社保基金隐性债务风险的未来成本（Schick，2003）。于是，应该首先对宏观经济社会的人口结构、分布、经济发展水平（特别是工资增长情况）、总体财政平衡进行描述和分析。同时，社保基金制度这类的政治、社会政策变化，如缴费率、覆盖率、替代率、折现率等也应纳入社保基金隐性债务规模计量分析之中。

影响社保基金预算平衡最主要的社会因素则是人口结构，特别是中青年劳动力和老年人口比例。按照中国社保体系现有的制度框架，中青年就业人口和单位的缴费决定了社保基金的主要收入[1]，而老龄化程度则会增加养老保险的收支压力（如养老金领取人数增加，人均养老金水平降低与养老保险缴费压力）（Galasso，2004）并间接的影响医疗保险支出的增长（Meijier，2013），而这两部分险种是社保基金平衡中占比最大的险种。自改革开放以来，我国的经济迅速腾飞且就业人口开始大规模攀升，但是，在1990年后，就业人口比例的增长速度开始趋于平稳，而65岁以上老年人口比例虽时高时低，但总体趋势表现为不断上升，且从20世纪90年代末期开始，其增长速度就开始高于就业人口比例的增长速度（见图4.1）。

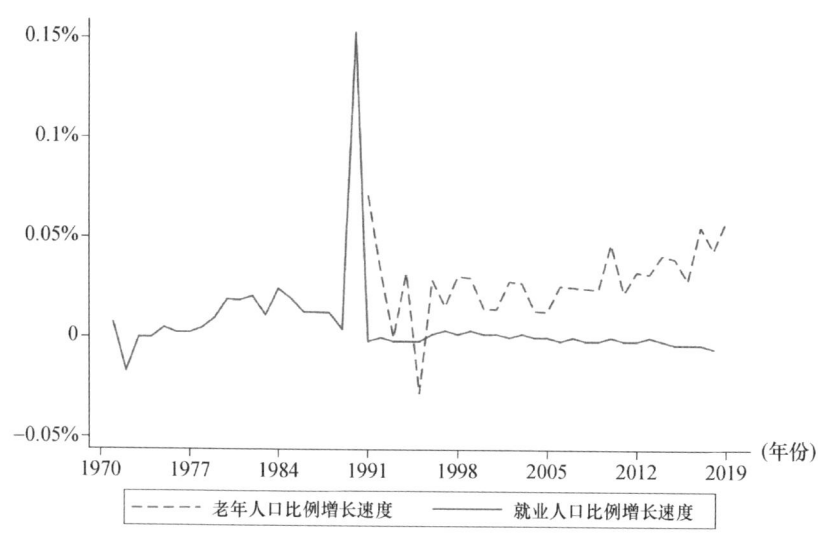

图4.1 中国老年人口和就业人口比例趋势（1970—2019年）

资料来源：《中国劳动统计年鉴2020》。

---

[1] 城乡居民养老保险和城乡医疗保险的缴费主要是面向无工作人群，以未成年人和老人为主，筹资比例较低。根据对沿海城市的访谈得知，即使是经济发达的城市如果没有配套的政府财政补贴也基本为赤字运行。

尽管在20世纪80年代早期和中后期、2013年单独二孩政策开放后、2015年以及2016年全面二孩政策开放后，我国的出生率增长速度一度超过了死亡率的增长速度，但是在1980—2019年近40年，由于生育意愿并不高，我国出生率的增长速度一直低于死亡率的增长速度，人口增长较为缓慢（见图4.2）。实施了30多年的计划生育政策所产生的"421"家庭模式造成较低的出生率，再加上老龄人口的增多和劳动力平缓的增长，都会形成一种"倒三角"式不稳定的社会人口结构，即底层的青壮年人口较少，而高层的老年人口较多。这种人口结构意味着青壮年劳动力退出市场，财政收入和社保基金筹资减少，而养老金支付和医疗保险支出压力却在提升，这会影响到国家宏观财政收支平衡，最终会造成隐性债务风险。

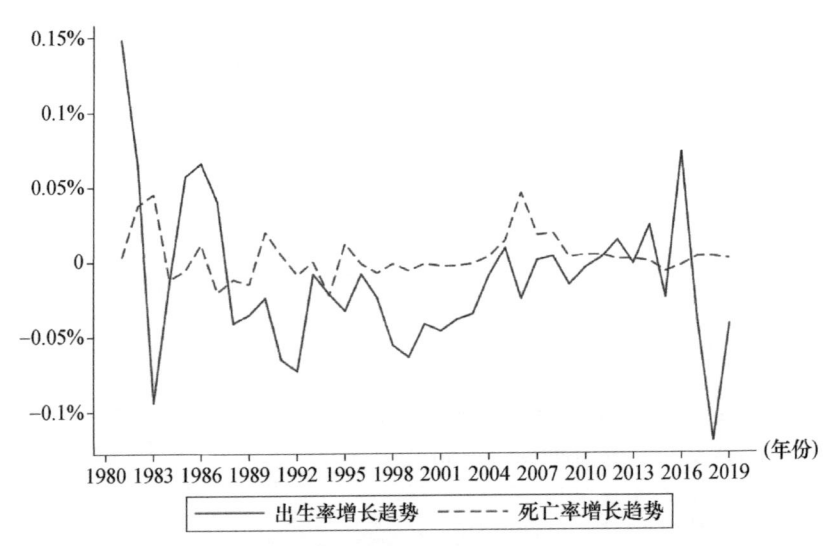

图4.2 中国出生率和死亡率增长趋势（1980—2019年）

资料来源：《中国劳动统计年鉴2020》。

同时，各地的老年人口比例分布也出现不均衡的情况（见图4.3）。2019年，大部分东部发达地区，如上海、浙江、河北、山东、江苏老年人口的增长速度最快。辽宁、吉林和黑龙江这些东北部地区以及四川、重庆的老年人口的增长速度也都大幅度超过了全国平均水平。西部地区，除重庆、四川外，老龄化增长程度普遍偏低，而东部地区只有广东的老龄化增长速度尚可。这些人口结构地区不平衡也给国家社保服务均等化带来了压力。

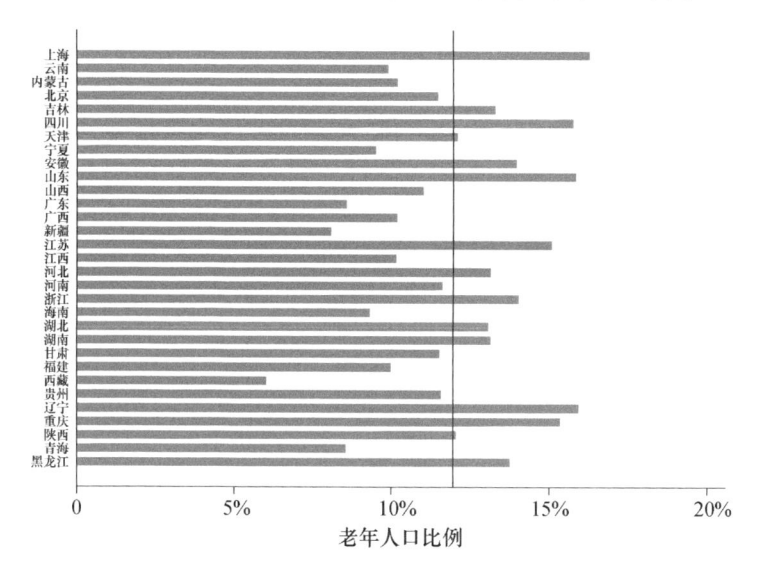

图4.3 2019年各省老年人口比例

说明：黑竖线为65岁以上老年人口比例全国平均水平0.1195。

资料来源：《中国统计年鉴2020》。

除了社会因素，经济发展也是社保基金收支平衡的重要影响因素。社保基金的隐性债务问题主要反映在财政制度上的兜底，而我国的财政收支从20世纪90年代后期，国家开始向市场化转型并逐渐建立社会保险框架体系开始，收入和支出就开始陡然上升,并出现收支不平衡的情况(见图4.4)。国家财政兜底是社保基金隐性债务的底线,伴随着社会经济水平和人民生活水平的提高,社保的力度也越来越大。在存在财政赤字的情况下,如何提升社保基金的财政补助和最终的兜底保障也是目前需要面临的困难之一。申曙光和彭皓然(2009)指出,在目前的财政状况下,为了增加养老保险补助支出而不进一步扩大财政收支不平衡、增加财政风险,最好的办法就是调整财政支出结果,压缩一些"越位"和效率不高的财政支出项目,为社保支出补助和兜底腾出"空间"。

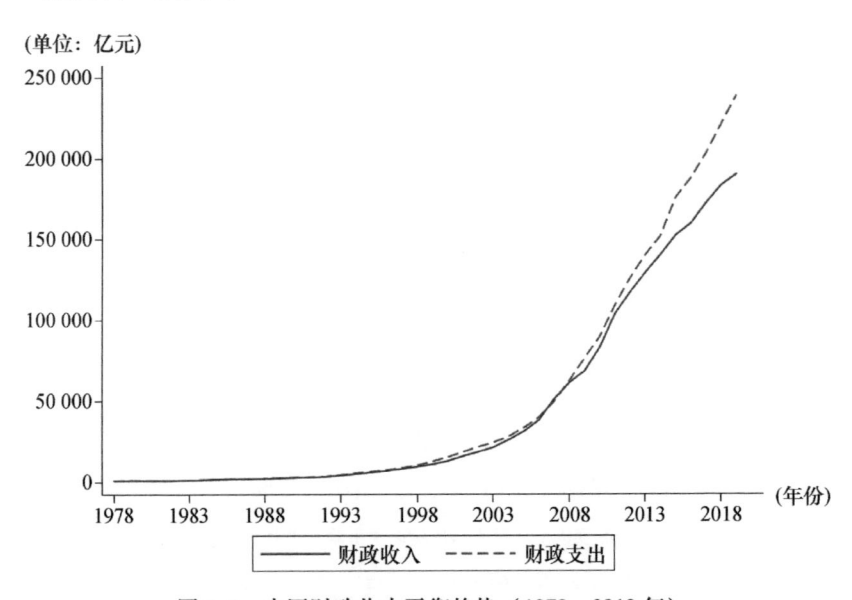

图4.4 中国财政收支平衡趋势(1978—2019年)

资料来源:《中国统计年鉴2020》。

除了横向支出结构,从中央到地方的纵向支出结构,特别是诸多本应该由中央政府统筹的职能(如社保等)事权下移给地方政府。但是，地区之间的经济发展不平衡，各地对社保支出的财政保障也存在着差异。为了更好地进行统一资源的调配，实现全社会的公平公正，在社保全国统筹推进的过程中，事权上收的趋势也开始显现，中央开始发挥再分配的职能，试图通过将资金集中到统一的更高层面的资金池子，来进行财政资金和社保资金的分担和优先配置，以低风险地区补高风险地区，高收入地区补低收入地区，实现风险共担，提高整体的抗风险能力。

4.2　社保基金隐性债务模型和基本假设：以城镇职工养老保险为例

预算制度一般以某些目标变量如预算赤字来描述，或政府的债务规模来描述。在宏观社会经济指标和假设的基础上，本研究试图对社保总体隐性债务进行测算，而社保体系的隐性债务主要反映在养老上。养老保险需要中长期预测，而医疗、工伤、失业和生育只需要根据当时经济、技术、行业发展进行短期预测即可（吉志鹏，2015）。因为这些险种主要是根据短期经济社会人口波动情况，比如，工伤分行业伤残支付数据以及分年龄段病种治疗支付费用情况。这些支付预测涉及面较广也较为复杂，可变因素较多，不宜做长期估计。同时，鉴于针对其他险种进行预测的公开数据缺乏，本部分主要讨论长期的养老保险费用支出的预测情况。

养老保险缴费和支出的大部分都在城镇职工养老保险这个险种，城乡基本养老的险种占比较少，主要是由地方进行财政配套补助，各地的财政以及人口情况各异且受到中央和地方政策波动的影响较大，因此，本部分主要衡量城镇职工养老保险所产生的长期隐性债务情况。在具体的模型和测算上，杰克逊（Jackson，2004）提出了一种类似于奥博巴赫等（Auerbach et al., 1992）计算个人代际账户累积的核算方法，利用政府代际预算约束，衡量社保财政的可持续性，它包括闭群负债测量、开放群体负债测量（75 年）以及无限开放群体负债测量，以观察政府未来应承担的财政责任。其中，第一种和第二种运用较为广泛，且养老金个人账户代际负债规模计算均类似于此方法。所以，本部分着重闭群债务测量和开放群体债务测量，对城镇职工养老保险隐性债务进行数据建模和预测，以便发展社保预算管理中的债务基线。

4.2.1 闭群债务测量

这种测量方法主要用养老体系净值表示其整体债务规模。假设养老保险体系是封闭的，只包括老人和中人，而没有任何新人的进入。其计算方法为：

养老体系净值＝中人在职业生涯中所创造的未来价值－当前退休人员和工作中人所有支付现值

用公式表示为：

$$NW = V_m - F_m - F_r \tag{1}$$

式中，NW 是指养老保险体系净值，V_m 是指中人在职业生涯中为养老体系所创造的价值（用缴费收入替代）。F_r 是指社保支付当前退休人员现值，这一项只包括养老；F_m 是指社保未来支付中人现值。于是，计算所有受益人个人的社保收益即可得出等式后两项。

式（2）、（3）、（4）主要套用申曙光、彭浩然（2009）养老保险代际核算的公式。由于养老需要考虑人口分布概率，所以，添加了 mPt，即是 t 岁的退休职工活到 m 岁的生存概率。

$$Vm = Pu, t \times Cu, t \times Rs \times \left[\frac{(1+g1)(1+g2)}{1+i}\right]^{m-t} \times {}_mp_t \quad (2)$$

式中，Pu, t 是指 u 年 t 岁中人人口，Cu, t 是指 u 年 t 岁中人平均工资，Rs 是指社保缴费率（养老、医疗），不同的险种按照不同的缴费率，最后将不同年龄段不同险种加总；$g1$ 是指职工工资年增长率，$g2$ 是指工龄工资年增长率。i 是折现率。

$$Fr = Pu, y \times By \times \ddot{a}y \quad (3)$$

式中，Pu, y 是指 u 年 y 岁退休人员数量；By 是指 y 岁退休职工养老金支付。$\ddot{a}y = \sum_{m=y}^{w-1} \left(\frac{1+i1}{1+i}\right)^{m-y} \times mPt$，即退休初始年初支付退休金为 1 元的精算现值，其中，$i1$ 养老金增长率，w 为存活的最大年龄。

$$F_m = P_{u,t} \times f \times C_{u,(r-t-1)} \times \ddot{a} \times \frac{1}{(1+i)^{r-t}} \times {}_rP_t \quad (4)$$

该式主要是精算城镇职工养老保险，按照人口和工资变化实际支付预测。式中，f 是指养老保险的替代率。$C_{u,(r-t-1)}$ 是指 u 年 t 岁在 r 岁退休前一年的职工平均工资，$\ddot{a}r$ 是中人在规定退休年龄 r 岁退休后，在年初支付的初始退休金为 1 元的递增年金精算现值。

4.2.2 开放群体负债测量

这种测量方法除了考虑中人和老人，还将未来加入社保体系中新人考虑在内。其公式如下：

$$NW = V_m - F_r - F_m - (1+i)^{m-u} \times (V_n - F_r) \quad (5)$$

式中，Vn 计算方式和公式（2）（3）相同。$(1+i)^{m-u}$ 是折现率，由于每年都有新人加入，所以需要将其折现到测算时点。在对新人计算养老收益时，根据基础养老金领取公式：

当地上年度在岗职工年平均工资
×（1+平均缴费指数）×0.5×缴费年限×1%

用公式表示为：

$$Fn = 0.5 \times Pu, t \times Cu + r - t - 1 \times (1 + Qt) \times nt \times 1\% \times {}_rP_t \times \frac{1}{(1+i)^{r-t}} \times \ddot{a}r \quad (6)$$

式中，nt 是指 t 岁新人的缴费年限。Qt 指 t 岁新人的缴费指数。其他变量与式（4）相同，按照这种方法来推算未来新人的支付情况。但是，由于每年都有新人进入，按照 2085 年最早参保人口 19 岁加入养老金计划来推算，还需要再往后推算 41 年的工资、人口数据分布才能根据上述公式予以计算。为了简化计算，采用申曙光、彭浩然（2009）的算法，只需要算出一年（本部分采用 2019 年，因为它为最新扩面实际数据）的新人支付情况，以此为基础数据，按照每年扩面新人的人口分布乘以调整因子 $\left(\frac{1+g_1}{1+i}\right)^{t-2019}$ $t=2020\cdots\cdots2085$，来乘以往后每年的新人人口分布，然后加总即可。

综上，我们采用式（1）和式（6）计算现时和未来（2011—2085 年）的社保隐性债务规模趋势。

4.2.3 宏观经济社会人口预测与基本假设

根据闭群负债测量和开放群体债务测量精算模型，需要对基本数据和关键变量进行合理预测和假设，才能进行准确的计算。为了更好揭示这两个层面的隐性债务规模的变化趋势以及宏观财政可以负担的发展状况，根据相关统计资料和文献进行了相关假设。

1. 测算期间。社会保险，主要是养老保险，受到人口社会经济变迁的影响，一般会溢出年度或者中期的预算框架，而需要发展长期的预算框架。为了更好地对社保基金预算收支进行预测，从而发展合适的预算基准情境，根据相关文献，测算周期通常取为一个生命周期 75 年（申曙光、彭浩然，2009；周依群，2020）。所以，本研究的测算期间是从第六次人口普查 2010 年为初始值，计算和预测 2011—2085 年的社保基金隐性债务规模。

2. 参保年龄和退休年龄。假设职工第一次参保的最低年龄为 19 岁，即 18 岁成年之后。根据《社会保险法》，养老金的领取需要缴费累计达到 15 年，根据目前平均受教育时间延长、工作招聘人力资源的具体需求，确定最晚参保年龄为 35 岁。在退休年龄设定上，根据国家《劳动和社会保障部办公厅关于企业职工"法定退休年龄"含义的复函》（劳社厅函〔2001〕125 号）的规定，国家法定的企业职工退休年龄为男年满 60 周岁，女工人年满 50 周岁，女干部年满 55 周岁。尽管社会各界不断呼吁延长退休年龄，但是，截至 2020 年年底也未有明确的延长退休文件出台。因此，在精算过程中，我们的基准情境假设男性退休年龄为 60 岁，女性统一为 55 岁。

3. 最大存活年龄。假设最大存活年龄为 100 岁。

4. 生命表。由于本研究主要考虑城镇人口，因此，根据《中国 2010 年人口普查资料》第六次全国人口普查城镇人口数据，利用 CPPS 软件，选择 Coale-Demeny 模型寿命表，生成了分性别生命表来反映中国城镇人口的生存概率（见本书附表 2）。

5. 人口分布假设测算。对于基年数据，男女人口数及其比例，死亡率和生育率，采用第六次全国人口普查数据《中国

2010年人口普查资料》所提供的2010年全国分年龄性别人口数。假设人口死亡模式不变且不考虑人口流动，本研究通过CPPS软件对2011—2085年中国人口年龄、性别结构的发展趋势做了预测。其中，根据《中国2010年人口普查资料》，男性预期寿命为72.38；女性预期寿命为77.37，总和生育率为1.18以及出生男女性别比值为118.33，结合2019年世界卫生组织对中国人口预期寿命的预测数据（男性74.6岁；女性77.6岁）和我国相关部门一直在努力扭转生育观念中重男轻女的局面，简化假设到2085年，我国男性预期寿命达到76.58，女性预期寿命达到80.37；总和生育率为1.6；出生性别比为100∶105，中间线性穿插值。从2011—2085年的人口总体结构预测概况（见表4.1），可以看出65岁以上人口占比逐年增大，老龄化的趋势越来越明显，这对未来的养老金给付以及社保基金预算平衡都形成了不小的压力。

表4.1 2021—2085年全国人口预测情况

年份	总人口/人	19—64岁人口/人	65岁以上人口/人	19—64岁人口占比/%	65岁以上人口占比/%
2010	1 332 810 869	914 215 442	118 927 158	69	9
2011	1 335 539 568	921 622 108	122 248 227	69	9
2012	1 339 144 425	928 316 385	125 978 413	69	9
2013	1 342 564 160	932 645 289	129 792 504	69	10
2014	1 345 727 905	934 644 162	134 887 949	69	10
2015	1 348 532 365	934 077 686	140 140 233	69	10
2016	1 350 899 373	932 861 326	145 096 018	69	11
2017	1 352 751 012	929 662 921	151 924 687	69	11
2018	1 354 031 865	925 189 201	158 289 792	68	12

续表

年份	总人口/人	19—64 岁人口/人	65 岁以上人口/人	19—64 岁人口占比/%	65 岁以上人口占比/%
2019	1 354 666 445	919 871 957	165 727 573	68	12
2020	1 354 613 160	914 591 428	172 657 162	68	13
2021	1 353 847 476	909 506 123	178 509 242	67	13
2022	1 352 386 378	902 955 818	185 287 795	67	14
2023	1 350 241 932	899 366 468	190 183 252	67	14
2024	1 347 438 827	898 997 820	191 482 778	67	14
2025	1 344 013 669	897 984 572	193 597 235	67	14
2026	1 340 003 019	899 403 562	192 984 387	67	14
2027	1 335 478 742	893 557 147	199 686 563	67	15
2028	1 330 468 580	881 941 130	211 864 650	66	16
2029	1 324 982 353	871 661 676	220 496 798	66	17
2030	1 319 119 685	860 120 646	229 272 077	65	17
2031	1 312 761 334	848 820 806	237 617 152	65	18
2032	1 305 993 625	839 953 551	243 343 572	64	19
2033	1 298 772 916	826 417 773	253 432 337	64	20
2034	1 291 069 615	814 689 301	261 291 250	63	20
2035	1 282 943 096	800 884 125	270 772 125	62	21
2036	1 274 386 131	788 831 340	277 965 658	62	22
2037	1 265 404 984	777 013 736	284 341 762	61	22
2038	1 256 024 076	765 574 640	289 717 483	61	23
2039	1 246 212 224	754 726 668	293 811 470	61	24
2040	1 236 069 431	745 000 787	296 192 495	60	24
2041	1 225 494 279	735 371 259	297 812 028	60	24
2042	1 214 525 357	727 497 339	297 048 796	60	24
2043	1 203 164 335	718 214 976	297 112 254	60	25
2044	1 191 443 395	708 345 033	297 268 691	59	25

续表

年份	总人口/人	19—64岁人口/人	65岁以上人口/人	19—64岁人口占比/%	65岁以上人口占比/%
2045	1 179 357 164	699 035 503	296 422 528	59	25
2046	1 166 934 507	689 017 052	295 926 864	59	25
2047	1 154 180 138	676 581 002	297 543 682	59	26
2048	1 141 106 511	666 448 045	296 604 071	58	26
2049	1 127 790 356	656 053 309	295 762 221	58	26
2050	1 114 180 048	645 402 022	294 965 813	58	26
2051	1 100 330 377	632 419 148	296 335 205	57	27
2052	1 086 352 157	616 893 318	300 170 740	57	28
2053	1 072 113 604	602 399 956	302 777 234	56	28
2054	1 057 809 840	586 188 754	307 072 132	55	29
2055	1 043 365 335	568 815 635	312 438 088	55	30
2056	1 028 878 152	556 928 404	312 302 817	54	30
2057	1 014 455 816	545 700 630	311 572 783	54	31
2058	999 956 246	534 436 847	310 805 145	53	31
2059	985 477 389	524 809 873	308 398 666	53	31
2060	971 256 031	515 796 054	305 574 837	53	31
2061	956 995 476	508 514 146	300 955 372	53	31
2062	943 170 313	501 712 541	296 181 480	53	31
2063	929 270 765	494 674 517	291 526 917	53	31
2064	915 147 539	488 759 919	285 496 853	53	31
2065	901 343 543	482 297 753	280 223 315	54	31
2066	887 669 736	475 892 599	274 936 351	54	31
2067	874 056 298	469 855 489	269 263 070	54	31
2068	860 823 494	463 895 042	263 777 713	54	31
2069	847 435 330	456 667 975	259 366 799	54	31
2070	834 334 573	449 406 767	255 191 204	54	31

续表

年份	总人口/人	19—64 岁 人口/人	65 岁以上 人口/人	19—64 岁 人口占比/%	65 岁以上 人口占比/%
2071	821 226 117	441 653 769	251 464 092	54	31
2072	808 369 302	433 810 326	248 022 826	54	31
2073	795 685 789	425 610 416	245 074 341	53	31
2074	783 193 790	417 347 996	242 348 848	53	31
2075	770 904 046	410 621 667	238 265 350	53	31
2076	758 891 960	404 563 449	233 764 667	53	31
2077	747 061 436	398 297 482	229 640 595	53	31
2078	735 602 787	391 891 681	225 998 856	53	31
2079	724 348 636	385 424 254	222 616 769	53	31
2080	713 330 694	378 987 767	219 433 413	53	31
2081	702 650 787	372 652 509	216 470 803	53	31
2082	692 305 114	366 481 850	213 659 411	53	31
2083	682 063 678	360 523 762	210 738 117	53	31
2084	672 240 854	354 834 390	207 933 725	53	31
2085	662 664 553	349 463 605	205 052 662	53	31

6. 老人和中人的人口分布情况。和失业保险和工伤保险主要针对参加工作的中人不同，需要假设和列举养老保险的"老人"和"中人"的人口分布预测。职工养老保险采取的是统账结合的制度，其覆盖主要是城镇人口。因此，本研究沿用申曙光、彭浩然（2009）的做法，假设老人和中人的分性别年龄人口分布与全国城镇人口的分性别年龄人口分布相同，然后根据《中国统计年鉴2011》提供的2010年我国养老保险的离退休人数以及养老保险的在职职工数，就可以得到2010年参加这个险种的老人和中人的分性别、分年龄的人口数。

表 4.2 2010 年城镇职工养老参保人口性别年龄分布　单位：人

年龄	养老保险 男性	养老保险 女性	年龄	养老保险 男性	养老保险 女性
19	2 712 377	2 585 681	44	2 692 338	2 532 526
20	3 536 183	3 428 801	45	2 761 391	2 569 862
21	3 397 418	3 288 412	46	2 735 849	2 562 269
22	3 091 558	2 978 582	47	3 213 040	2 988 901
23	3 182 263	3 092 627	48	2 296 571	2 135 100
24	2 792 003	2 755 971	49	1 299 815	1 244 066
25	2 465 959	2 432 796	50	1 679 459	1 571 877
26	2 465 198	2 446 057	51	1 508 597	1 404 057
27	2 501 591	2 485 824	52	1 911 593	1 783 706
28	2 900 641	2 884 679	53	2 023 161	1 928 554
29	2 528 339	2 493 812	54	1 813 338	1 771 014
30	2 440 567	2 381 332	55	1 863 968	2 664 916
31	2 607 311	2 533 551	56	1 858 413	2 688 636
32	2 540 116	2 472 627	57	1 628 269	2 398 688
33	2 367 004	2 293 348	58	1 612 399	2 370 234
34	2 666 075	2 561 774	59	1 366 045	2 022 179
35	2 701 964	2 599 342	60	2 020 527	1 990 522
36	2 874 564	2 755 136	61	1 897 548	1 867 159
37	3 023 156	2 868 727	62	1 605 143	1 616 837
38	3 086 788	2 908 561	63	1 552 155	1 537 651
39	3 117 715	2 929 669	64	1 422 498	1 422 507
40	3 334 144	3 136 336	65	1 271 981	1 290 354
41	2 984 316	2 822 721	66	1 202 728	1 214 578
42	3 175 483	2 986 576	67	1 102 878	1 127 854
43	2 394 391	2 256 839	68	1 098 230	1 128 613

续表

养老保险			养老保险		
年龄	男性	女性	年龄	男性	女性
69	1 090 380	1 119 998	85	194 218	259 406
70	1 067 556	1 088 795	86	153 167	216 557
71	897 041	946 067	87	118 059	174 314
72	983 980	1 019 988	88	95 757	145 071
73	905 773	935 670	89	77 607	121 553
74	855 257	909 945	90	56 300	96 236
75	779 692	857 822	91	38 403	66 890
76	711 564	783 052	92	28 720	53 785
77	705 924	753 869	93	20 873	40 038
78	575 959	631 525	94	15 706	30 322
79	510 025	539 503	95	11 718	23 457
80	506 711	549 570	96	9 480	18 327
81	370 937	425 650	97	7 493	13 994
82	350 393	413 839	98	6 517	11 281
83	281 583	341 389	99	4 456	8 087
84	223 643	284 015	100	2 742	7 541

7. 城镇化水平。根据相关文献对于城市化水平预测模型的总结，包括 logistic 模型、灰色模型预测法、时间序列法、城市化与经济发展相关关系法、Kamewshu 模型、趋势外推法等（张佰瑞，2007；周依群，2019）。根据《中国统计年鉴 2020》中 1970—2019 年的城镇化水平数据，采取 Kamewshu 模型来进行城镇化的预测。2010—2019 年，城镇化水平每年约增长 1 个百分点。根据预测，达到 2085 年时，城市化水平达到 74.38%，每年以大约 0.4 的百分点增长。2010—2019 年采取真实的城镇化水平

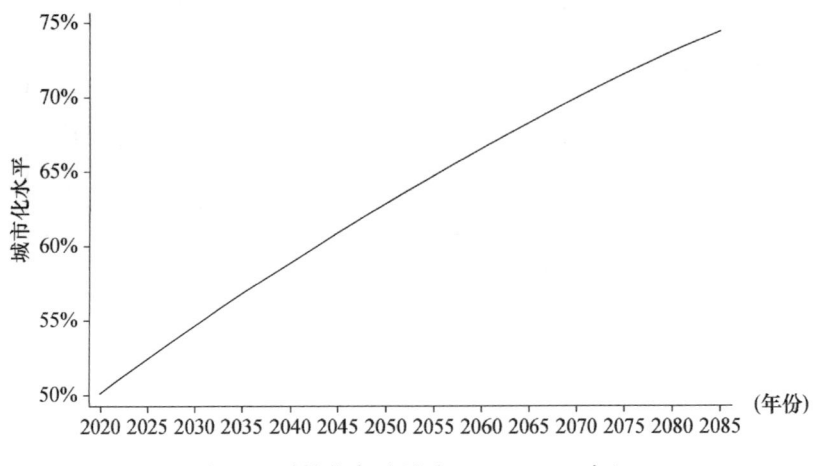

数据，2020—2085 年则采用预测的数据（见图 4.5）。

图 4.5 城镇化水平预测（2020—2085 年）

8. 覆盖率。根据《中国统计年鉴 2011》所提供的城镇职工养老保险人数数据以及《中国 2010 年人口普查资料》提供的城镇 19 岁以上人口数据，可以计算出当年的城镇职工养老保险的覆盖率为 48.14%。2011—2019 年利用这两本统计资料的实际征缴扩面数据，截至 2019 年，城镇职工养老保险的覆盖率分别达到 66.1%。考虑到经济发展和征缴扩面工作，假设 2020 年开始，城镇职工养老保险覆盖率每年按照提高 0.51 个百分比，到 2085 年达到 99% 左右。

9. 扩面新人的人口情况。本研究沿用申曙光、彭浩然（2009）的估算方法，在对全国人口预测的基础上，乘以未来每年城市化比率，得到城镇人口规模；利用城镇人口规模乘以全国 19 岁以上人口占全国人口比例，得到城镇 19 岁以上人口规模；然后根据对覆盖率的假设，得到每年总的参保人口数（见表

4.3）；养老保险的"新人"预测，主要根据相关生命表，利用每年总的参保人口减去当年存活下来的老人和中人和以前年份的新人，便得到当年扩面新人人数。同时，假设每年扩面新人的最小年龄 a 为 19 岁，最大年龄 b 为 35 岁，并且其性别分布与全国同年龄段的分布相同，就可以得出新人在 19—35 岁之间的分性别分年龄的人口分布（见本书附表 3）。

表 4.3　2010—2075 年城镇职工养老保险参保人数预测　单位：人

年份	城镇职工	年份	城镇职工	年份	城镇职工
2010	257 072 989	2029	421 093 872	2048	484 048 927
2011	283 912 689	2030	426 483 088	2049	484 460 904
2012	304 267 982	2031	431 798 209	2050	484 634 623
2013	322 183 756	2032	437 035 826	2051	484 588 415
2014	341 243 791	2033	442 142 190	2052	484 364 856
2015	353 611 680	2034	447 062 175	2053	483 897 253
2016	379 297 100	2035	451 773 270	2054	483 271 091
2017	402 932 960	2036	456 231 585	2055	482 451 067
2018	419 016 340	2037	460 405 486	2056	481 476 193
2019	434 879 000	2038	464 265 481	2057	480 390 004
2020	362 889 513	2039	467 768 049	2058	479 114 384
2021	369 246 882	2040	470 944 100	2059	477 688 021
2022	375 469 077	2041	473 747 169	2060	476 224 700
2023	382 113 016	2042	476 181 055	2061	474 575 242
2024	388 678 428	2043	478 253 955	2062	472 968 564
2025	395 355 679	2044	479 995 088	2063	471 144 822
2026	401 975 673	2045	481 419 039	2064	469 019 268
2027	408 661 300	2046	482 557 061	2065	466 868 609
2028	415 282 250	2047	483 427 409	2066	464 593 981

续表

年份	城镇职工	年份	城镇职工	年份	城镇职工
2067	462 156 988	2074	442 536 914	2081	421 930 669
2068	459 735 450	2075	439 501 303	2082	419 245 562
2069	457 042 496	2076	436 494 417	2083	416 515 197
2070	454 327 562	2077	433 464 286	2084	413 949 639
2071	451 434 928	2078	430 535 004	2085	411 449 684
2072	448 520 402	2079	427 611 475		
2073	445 548 208	2080	424 719 876		

说明：2010—2019年是《中国统计年鉴2020》真实的参保数据。

10. 替代率。养老金替代率是劳动者退休时领取养老金水平与退休前工资水平的比例，基于不同的统计口径，计算出来的替代率有微小的差别。根据《中国劳动统计年鉴2017》，2010年国有企业及其他城镇职工养老金支出和机关事业单位城镇职工养老金支出总共为10 554.9亿元，离退休职工为6 304.9万人。再根据《中国统计年鉴2020》，2009年平均工资为32 244元，所以，2010年职工平均养老金支出16 740.79元（10 554.9×10 000/6 304.9），职工平均养老金替代率为51.92%（16 740.79/32 244）。实际上，从社保改革以来，我国的养老金替代率不断走低，在2000年改革初期，对改革前退休的老人，国家承诺的养老金替代率维持在80%（申曙光，彭浩然，2009）。根据《中国劳动统计年鉴2017》和《中国统计年鉴2020》的相关数据计算出1989—2010年的替代率，老人养老金支付按照此替代率来进行计算，在此之前退休的2010年参保的老人替代率则假设为80%。但是，目前，国家在不断加强养老保险统筹的同时，也在尽力保持养老金替代率维持在一个相对合理的水平，2012—2017

年，养老金替代率基本稳定在 49.23%—49.99%（郑秉文，2019）。为了简化计算，假设中人在 2011—2085 年养老金替代率统一为 50%。

11. 折现率。参照通用方法，本研究通过假设长期国债利率来确定折现率。2010 年 3 年期国债利率为 3.73%，2019 年 3 年期国债利率为 4%，因此，本部分统一假设为 4%。

12. 平均工资增长率。根据《中国统计年鉴 2020》历年的平均工资数据，我国在岗职工的平均工资持续快速增长。根据国家统计局发布的数据，2019 年全国城镇非私营单位就业人员年平均工资为 90 501 元，比上年增长 9.8%（以下如无特别说明，均为名义增速），扣除价格因素，实际增长 6.8%；城镇私营单位就业人员年平均工资为 53 604 元，比上年增长 8.1%，扣除价格因素，实际增长 5.2%。折中考虑，本研究假设职工实际工资增长率为 7%。

13. 工龄工资年增长率。本研究沿用申曙光、彭浩然（2009）的假设，即假设职工工龄工资的年增长率为 1%。

14. 养老金增长率。根据《中国统计年鉴 2020》中养老保险基金支出和平均工资数据，整体养老金增长率基本在 5% 左右。因此，假设为 5%。

15. "中人"和"新人"的分性别年龄缴费工资情况。沿用申曙光、彭浩然（2009）的假设，假设 40 岁男性职工工资水平等于当年职工平均工资，然后根据工龄工资增长率，可以得到男性在职职工的分年龄工资水平。根据 2010 年第三次全国妇女地位调查数据，城镇在业女性年均劳动收入为男性的 67.3%。据此，简化假设女性在职职工的工资水平等于相同年龄男性在职职工的 67%。

16. 缴费率。根据《国务院关于完善企业职工基本养老保险制度的决定》(国办发〔2005〕38号)《国务院办公厅关于印发〈降低社会保险费率综合方案〉》(国办发〔2019〕13号),本研究假设 2010—2019 年养老保险单位缴费比例为 20%,2020—2085 年为 16%。

4.3 精算结果与分析

根据各项基本假设,以 2010 年第六次全国人口普查数据为基期,闭群负债只考虑 2010 年中人和老人的参保人口在未来 75 年的变动情况的债务,直到最后一个人死亡;而开放群体测量则将 2011 年以后参保的新人未来缴费和养老金收益考虑在内,一同考察了未来 75 年的隐性债务规模。在此基础上,研究分别利用 Excel 和 Pandas 编程对 2010—2085 年的养老保险的隐性债务规模进行了预测和精算。本部分的精算结果和相关分析都是基于 2010 年参保人口分布、退休年龄等基准情境下得到的,在假设的同时只考虑死亡引起的参保人数变化,而没有考虑流动人口以及退保等其他情境的变化。同时,本部分也参考 2010—2019 年社保基金相关真实的数据,比如城镇化水平、真实参保人口、平均工资水平、减税降费政策等,试图做出合理的预测。由于社保同时受到宏观政策和其他不可控因素的影响(如 2019 年底暴发的新冠肺炎疫情),因此,本部分对未来社保隐性债务规模的精算只是在仅考虑社会经济人口规律下的结果,仅做参考。

根据精算结果,闭群负债规模在未来 75 年一共达到 703 407.765 亿元〔根据式(1)计算得出〕。实际上,在 2032 年时，中人缴费收入就已经难以支付中人的未来养老金（见表4.4），而且这个差距在不断扩大，到2051年，收支缺口达到最大，达到71 217亿元（见图4.6）。随后，呈现出缩小的趋势。这说明，如果不考虑新人的影响，养老体系的收支平衡将在2032年打破，然后迅速扩大，在2051年达到峰值后，伴随着中人和老人的逐渐死亡，再不断缩小。总体而言，在闭群负债的测量中，如果只考虑基期的中人和老人的收支趋势，养老体系收支缺口呈现出一个U形的趋势，即隐性债务是一个先增加，达到高峰后再减少的过程。这也验证了既存研究。

表4.4 2010—2085年闭群债务测量数据概况　　单位：亿元

年份	中人缴费	中人养老金	老人养老金	年份	中人缴费	中人养老金	老人养老金
2010	31 325.49	0	3 125.88	2025	32 720.52	17 000.29	277.87
2011	29 994.29	737.91	2 717.12	2026	32 355.05	18 747.19	222.01
2012	31 464.10	1 582.93	2 358.69	2027	31 998.01	20 405.43	174.46
2013	32 452.44	2 059.64	2 042.73	2028	31 415.23	22 304.79	134.46
2014	33 277.98	3 109.62	1 781.49	2029	30 812.83	24 070.85	101.40
2015	34 282.87	3 875.74	1 547.37	2030	30 065.01	25 851.38	74.53
2016	35 012.78	4 502.65	1 337.92	2031	29 304.04	27 538.42	53.35
2017	35 993.15	5 504.69	1 150.82	2032	28 481.13	28 996.89	37.04
2018	37 353.70	6 847.49	984.05	2033	27 932.45	31 095.29	24.82
2019	38 400.85	7 953.89	835.96	2034	26 920.25	32 753.67	15.99
2020	33 638.69	9 143.67	704.81	2035	26 034.01	34 230.37	9.87
2021	33 738.74	10 274.28	597.33	2036	25 014.78	35 881.82	5.79
2022	33 633.37	11 530.74	501.72	2037	24 023.98	37 938.65	3.23
2023	33 320.59	13 436.54	417.02	2038	22 900.22	39 700.94	1.69
2024	33 046.58	15 114.23	342.65	2039	21 678.56	41 555.56	0.83

续表

年份	中人缴费	中人养老金	老人养老金	年份	中人缴费	中人养老金	老人养老金
2040	20 450.09	43 417.59	0.38	2063	0.00	12 177.59	0.00
2041	19 106.07	45 951.35	0.16	2064	0.00	9 559.10	0.00
2042	17 515.66	49 417.51	0.06	2065	0.00	7 336.92	0.00
2043	16 056.09	52 631.98	0.02	2066	0.00	5 493.69	0.00
2044	9 219.46	56 587.32	0.01	2067	0.00	4 001.68	0.00
2045	6 977.07	61 060.99	0.00	2068	0.00	2 827.47	0.00
2046	4 937.21	64 363.29	0.00	2069	0.00	1 929.68	0.00
2047	3 932.89	66 208.33	0.00	2070	0.00	1 267.67	0.00
2048	2 952.67	67 771.89	0.00	2071	0.00	795.79	0.00
2049	1 901.46	69 378.16	0.00	2072	0.00	477.24	0.00
2050	825.72	70 850.88	0.00	2073	0.00	271.73	0.00
2051	0.00	71 216.61	0.00	2074	0.00	145.47	0.00
2052	0.00	64 908.52	0.00	2075	0.00	72.80	0.00
2053	0.00	58 742.13	0.00	2076	0.00	33.86	0.00
2054	0.00	52 752.75	0.00	2077	0.00	14.55	0.00
2055	0.00	46 975.12	0.00	2078	0.00	5.72	0.00
2056	0.00	41 445.28	0.00	2079	0.00	2.04	0.00
2057	0.00	36 201.49	0.00	2080	0.00	0.65	0.00
2058	0.00	31 273.07	0.00	2081	0.00	0.18	0.00
2059	0.00	26 683.95	0.00	2082	0.00	0.05	0.00
2060	0.00	22 463.31	0.00	2083	0.00	0.01	0.00
2061	0.00	18 630.29	0.00	2084	0.00	0.00	0.00
2062	0.00	15 199.05	0.00	2085	0.00	0.00	0.00

(单位：亿元)

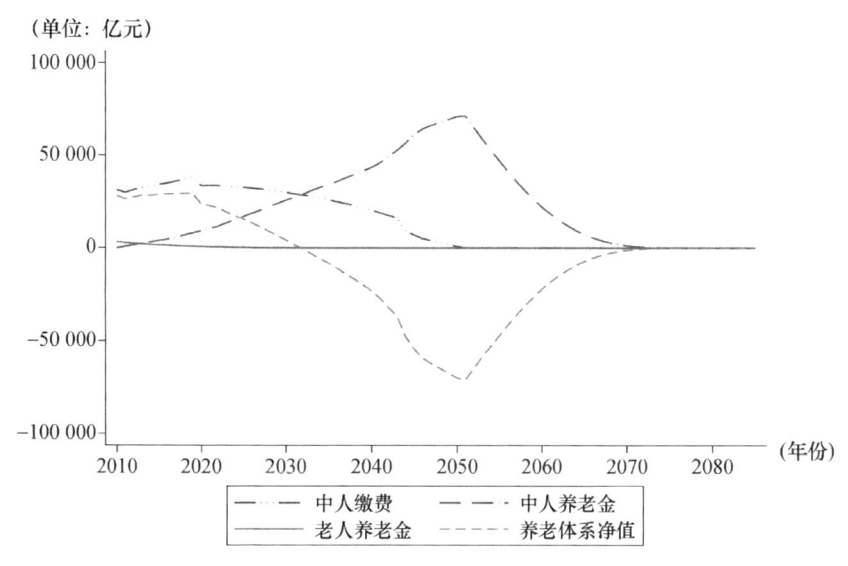

图4.6 闭群债务群体中城镇职工养老保险
年度收支概况（2010—2085年）

在考虑新人影响的开放群体负债测量中，仅根据每年的新人缴费和按未来最大存活100岁时的养老金收益现值来看，基本上新人缴费及其未来养老金支出每年都存在收支缺口，即新人的缴费都不能涵盖未来新人的养老金支付，加上中人和老人养老金支出，以及中人缴费收入以后，2010—2085年的城镇职工养老保险体系隐性债务规模达到6 832 100.05亿元。由于我们之前公式主要是计算新人缴费现值和未来最大存活100岁之后的养老金收益现值之差，但实际上，在2010—2085年之间，有一部分新人并未开始支付养老金。最早的一批新人退休应该是2011年35岁参保的那批人，也要等到2031年才会产生新人的养老金支付。因此，在2031年之前，由于新人缴费，隐性债务有所缓解，在2031年之后，隐性债务逐步增加。

表4.5 2010—2085年开放群体中新人缴费及其未来支出净值差额

单位：亿元

年份	养老保险体系净值	年份	养老保险体系净值	年份	养老保险体系净值
2010	0	2036	-30 849.57	2062	-80 728.77
2011	-22 480.14	2037	-61 665.09	2063	-143 323.52
2012	-11 576.04	2038	-34 501.78	2064	-84 582.47
2013	-28 978.79	2039	-67 048.17	2065	-150 766.89
2014	-17 275.53	2040	-38 224.42	2066	-88 463.33
2015	-31 764.08	2041	-72 578.18	2067	-158 373.75
2016	-8 416.31	2042	-41 982.48	2068	-92 372.32
2017	-31 785.90	2043	-78 257.46	2069	-166 161.22
2018	-20 387.18	2044	-45 763.86	2070	-96 224.03
2019	-23 435.86	2045	-84 061.43	2071	-180 852.24
2020	-7 049.19	2046	-49 568.46	2072	-103 902.98
2021	-26 693.19	2047	-90 009.03	2073	-189 473.14
2022	-9 354.56	2048	-53 398.93	2074	-103 940.58
2023	-30 241.16	2049	-96 114.01	2075	-191 092.35
2024	-11 905.79	2050	-57 255.89	2076	-107 928.31
2025	-34 064.02	2051	-102 366.11	2077	-200 094.23
2026	-14 677.87	2052	-61 137.34	2078	-112 090.14
2027	-38 176.97	2053	-108 763.03	2079	-209 583.52
2028	-17 677.66	2054	-65 022.63	2080	-116 389.77
2029	-42 436.77	2055	-115 318.83	2081	-219 605.98
2030	-20 687.32	2056	-68 911.97	2082	-120 979.54
2031	-46 908.12	2057	-122 058.56	2083	-230 133.78
2032	-23 897.11	2058	-72 806.73	2084	-125 812.58
2033	-51 461.22	2059	-128 946.19	2085	-241 349.31
2034	-27 302.25	2060	-76 740.88		
2035	-56 457.26	2061	-136 026.21		

4.4 小　结

无论从宏观经济社会历史数据，还是从城镇职工养老保险来看，社保基金收支都不容乐观。从宏观经济社会人口数据来看，20 世纪 90 年代末期开始，65 岁以上老人的人口比例增长速度就开始高于就业人口比例的增长速度。而实施了 30 多年的计划生育政策所产生的"421"家庭模式造成较低的出生率，都促使我国社会人口结构呈现出一种不稳定的"倒三角"式结构，即底层的青壮年人口较少，而高层的老年人口较多。而随着老龄化程度的加深，社保基金支出也呈现刚性增长的态势（马海涛等，2020）。2018 年社保基金收入为 2012 年的 2.49 倍，同比上升 30.62%；支出同比上升 33.18%，较 2012 年增加了 122.75%（马海涛等，2020）。再加上区域人口结构的不均衡发展，国家社保基金支付能力与退休职工的养老金领取需求严重错配。城镇职工基本养老保险基金收支缺口的本质是基金收入不足以应对支出额度，人口老龄化、通货膨胀、个人账户空账运行等引致的城镇职工基本养老保险基金"收不抵支"困境（孙健、王君，2021）。经过对 2010—2085 年（75 年）的城镇职工养老保险基金收支精算模型的计算，其结果也表明，无论是闭群负债测量还是开放群体负债测量，城镇职工养老保险基金收支的隐性债务规模都有不断扩大的趋势。不言而喻，社保基金收支，尤其是城镇职工养老保险收支缺口会对国家财政可持续形成不小的挑战。

值得我们警醒的是，这些还是未考虑新冠肺炎疫情带来的巨大影响的推算结果。如果将新冠肺炎疫情这种突发因素考虑在内，隐性债务规模可能会更加严峻。因为，在 2019 年底新冠肺炎疫情以来，国家实施减税降费政策，在现有的人口结构框架下，职工基本养老保险基金面临收入减少和支出增加"两头挤压"的困境，长此以往，基金运行的可持续风险较大，一旦累计结余消耗殆尽基金运行将难以为继（孙维，2021）。而从收入角度来看，早在2016年以来，全国各地就纷纷下调企业社保缴费比例以缓解实体经济困难。2019年4月，国务院办公厅更是印发了《降低社会保险费率综合方案》，降低城镇职工基本养老保险单位缴费比例至16%。与此同时，城镇职工养老保险支出却在不断上升，这些减收增支因素叠加，地区间负担差异较大的结构性矛盾日益突出（孙维，2021）。同时，为减轻养老保险基金收支平衡的压力，《深化党和国家机构改革方案》和《国税地税征管体制改革方案》都明确指出，社会保险费由税务部门统一征收，这将增强缴费的强制性与稽查的精确性，进而起到夯实缴费基数的作用。但是，有研究表明，社保"双降"与征收体制改革的实质是将降费率带来的基金收入减少的部分与夯实缴费基数带来的基金收入增加的部分进行"对冲"，但若只实施"双降"政策而不以夯实费基作为"对冲"政策，城镇职工基本养老保险基金结余将有可能长期处于收不抵支的状态（郭瑜、张寅凯，2019b）。此外，中国社会科学院发布的《中国养老金精算报告2019—2050》也指出，虽然当前制度存在一定的降费空间，但最终制度将走入当期结余收不抵支和累计结余被耗尽的结局。因此，社保"双降"与征费体制的改革势必会对城镇职工基本养老保险基金的收支自平衡产生一定影响（郭瑜、张寅凯，2019）。因此，如何发挥预算管理的功能，实现有效的治理至关重要。

第五章　社会保险基金预算模式与行动逻辑研究：基于两个市的双案例研究

我国社保基金预算管理实践较为复杂，中央和地方在社保基金资金分配上也呈现出相互依赖的两个面向。一方面，鉴于社保基金权利性特点，中央对社保基金预算的控制导向日益明显。在经历了集权到分权之后，中央开始在社会福利体系中再次集权，以实现更大的公平（Mertha，2005；Chung，2016）。因此，与中央鼓励地方政府根据当地执政环境来实施的经济政策不同，中国福利体系的构建往往是在国家统一、既定的政策框架下进行（Zhu and Zhao，2017），如统一的退休年龄、缴费比例和征缴扩面目标等。在既定的政策框架下，中央试图通过各种社保计划大数字来精细化管理全国的社保资金分配，以在理性化资金管理的基础上保障社保权利的实现。而地方政府则需建立起"治理对象的生活和生产空间的描述性数据，如人口信息、经济状况等"（王雨磊，2016），并根据中央的社保计划目标来统筹计算和安排自己的社保基金预算的收支，以提供和保障符合国家标准的社保服务。然而，由于社保尚未实现全国统筹，其实际基金收支及其治理数据（如参保人口缴费、参保人数、工资增长等）沉淀在市县且较为粗放。在缺乏详细的财务信息的支持且需要大量跨地域转移工作合并的情况下，中央的社保基金预算管理仍然是一项十分艰巨的工作（Clarke，2010）。于是，它更需要依赖 2000 多个统筹地区层层上报的社保基金预算数据来进行资金的配置和社会政策的制定与调适。这就显得地方政府的预算管理也非常关键。

随着预算改革的深化，地方已经发展了多种创新手段来强化社保预算在支出控制上的功能，如提交立法审议和三年滚动财政规划等。但是，社保预算毕竟不同于部门预算，它本身的资金约束并不强（各类社保基金收入取决于征缴情况的好坏，且中央补助规模也不确定，各类社会保障对象变化大）（Clarke，2010）。与政府部门预算指标相比，它相对复杂且具有递延性（当年筹集的资金并不一定用于当年，且有一部分作为个人账户进行累积），对它的收支控制往往要通过控制社保权益予以实现。这些特点伴随着脆弱的总额控制、不完善的储备金计划、社会政策目标泛化，以及社保、医保机构、财政部门割裂所导致的基础信息分裂等问题，在客观上造成地方政府说明重实际基金收支，而忽视运用社保预算提升管理水平的局面，隐性债务规模持续扩大（张岌，2017）。同时，我国《社会保险法》和有关行政法规、国务院决定等对被保险人享受保险待遇条件和标准有较为明确的规定。但是，也有部分待遇给付条件和标准被授权省级政府确定或者统筹级别的政府规定（张荣芳，2015）。对于社保基金收入而言，各地企业的缴费往往要根据地方的社保基金财务状况而定。对于社保基金支出而言，尽管国家对个人应享受什么样的保险待遇有统一的标准，但实际上各地提供的保险待遇往往要高于国家标准，比如在一些富裕的沿海省，养老金就比较高（Clarke，2010）。在社保未实现全国统筹的情况下，这些差异势必会影响社保预算行为及其隐性债务控制的效果。基于这两个因素，本章主要选择了两个地方案例来对我国社保预算实施情况进行田野调查，挖掘预算行为背后的深意。

案例的选择应该"具有社会学意义上的代表性，而不只是统计学上的代表性"（Hamel et al.，1993）。为了选择更具代表性案例，笔者于 2017—2020 年选择了中部 B 省的 A 市（访谈集中于 2017—2018 年）和东部 C 省的 D 市（访谈集中于 2020 年）进行田野调查。基于第二章研究方法中所提出的案例选择的三个要点，笔者选择了这两个省市。具体而言，第一，经济情况。经济发达的 D 市财力较好，而经济不发达的 A 市则属于穷财政，政府预算盘子较小。第二，地理位置。结合经济情况，笔者在考虑了地理位置的基础上，基于便利性条件，即熟识关系进入中部不发达的 A 市和经济发达的东部沿海 D 市来展开田野调查。第三，社保基金预算管理实施进程。A 市所在的 B 省以及 D 市所在的 C 省都在 2010 年国家要求进行社保基金预算编制之前，就已经要求下辖各市开始编制社保基金预算。B 省编制试点要早于 C 省。但是，两省试点编制社保基金预算模式不太相同，C 省模式较为接近后来全国推广的社保基金预算模式。这两个地方都具有较为丰富的预算管理经验，为我们进行案例深描提供了多样化的素材。经过田野调查，发现，鉴于社保基金预算的政策和权利的统一性，并受限于国家统一的预算框架，各个地方可发挥的政策和预算管理的空间不大，因此，两地的社保基金预算管理行为较为相似，官员认知也基本一致。两地的差异只存在于经济财政状况、人口分布、社保统筹程度、人员专业和领导认知。这些造就了两地的预算管理水平上的倾向和具体细化的措施略有不同。因此，研究并不做比较案例分析，而是在呈现两者在环境和客观管理上的异同上，总结共存的社保基金预算行为经验和问题，及其可能解决的方向，综合展现地方图景，更有助于总结相关的经验和问题。

在两地的资料收集上，均采用了半结构性访谈和参与式观察的形式，涉及了市财政局预算科和社保科、市人社局的基金监督科、社保经办机构、市人大财经工作委员会四个部门，并收集了社保预算制度文件、社保工作、社会保险财政补助工作报告等多份文本资料。在访谈的过程中，被访谈者需要对一些问题，例如，如何进行社保基金预算管理；在涉及社保资金的一般公共预算和社保基金预算的过程之中，面临着哪些困难和制约；现行的社保基金预算效果如何进行开放性回答，回答被记录在案。除了面对面访谈，笔者还通过电话、微信的方式对其中部分人员进行了回访，以弥补不足。所有访谈记录按照被访者要求，以匿名的形式进行处理来符合研究伦理和研究惯例。访谈记录经过开放式和轴心编码处理分类后，形成相关主题。并在此基础上进行"分析性叙事"（analytic narratives），即同时将理论分析和叙事结合在一起，"推导出明确和正式的分析框架并用之来组合实际发生的各种故事与事件"（Bates et al.，1998）。这种研究方法摆脱了单纯的深描，可以在一定程度上运用经验事实来检验理论，形成理论对话。

5.1 A市社会保险基金预算管理过程

5.1.1 个案概述

A市在B省中属于中等规模城市。根据A市统计局2018年数据，2017年年末，全市常住人口290.15万。其中，城乡居民社会养老保险参保111.93万人，城镇职工养老保险参保54.11万人；城乡居民医疗保险参保182.63万人，城镇职工医疗保险参保38.23万人；失业保险参保19.16万人。2005—2016年，年均一般公共预算收入为42.69亿元，在B省的排名靠中，但相较于人口规模相近的其他省份城市，财政资金并不富裕，当地官员普遍认为是穷财政。在社保基金管理中，由于B省社保基金已经实现了省统筹，按照规定，每个区县必须缴纳一定的比例到市里的统筹账户，而每个市都需要缴纳一定的比例到省里统筹账户。但是，在执行过程中，这些按照比例缴纳的资金并未放到统一的池子里，而是为了照顾地方利益，在交上来后又按照比例返还到各个地方。一旦市社保基金穿底达到80%，省财政才会补助一部分，剩余的则由各个地方按照原有的统筹比例统筹到公共预算之中，再调剂到社保基金中补缺，地方的财政责任仍然较重。对穷财政A市而言，统筹的不彻底对地方政府履行社保基金财政配套和兜底责任形成了挑战。

由于A市拥有几家大型国有企业（石化和军工）和上市公司，筹资较多且收益较好，因此，市本级社保基金运作良好，可以实现平衡且有盈余。但其下辖的Q区原系国有农场，后被纳入A市设立行政区进行统一管理，由于人口结构失衡（退休人口较多）以及国企转制等历史遗留问题，筹资水平较低，导致A市养老和医疗保险的财政负担较重，全市总体社保基金穿底达到20%，市里须每年兜底约2个多亿。截至2018年，依靠基金收入、利息和一般公共预算来补养老金缺口尚可承受，但未来情境堪忧。除Q区带来的养老金穿底问题外，D区的工伤保险也存在潜在的资金问题。由于该区煤矿企业众多，容易发生事故，因此，需要大量的保险基金储备。但是，D区人口较少导致工伤保险筹资不足。按照国家既定的筹资比例以及现有参保人口，每年只能筹集资金约100万元，无法完全赔付煤矿所能带来的伤亡损失。[1] 这也成为悬在当地人社部门头顶的"一把剑"。因此，在财力紧张的A市，原有体制和社保制度（统筹和筹资）的问题，以及区县的社保基金状况都给当地的社保基金预算平衡营造了不小的困难。那么，发展理性化的预算（如合理预测、精算和绩效评价）以实现总额控制和配置效率就显得尤为重要。

5.1.2 形式化的预算：社保基金的数字生产

根据B省的要求，A市自2008年就开始编制社保基金预算，并于2014年开始提交人大审议，决算则在2003年就已经开始编制。A市遵照财政部印发的《社会保险基金预算编制手册》，由人社局主导预算的编制和执行，整个过程较为封闭。市财政局参与有限，其工作主要是核算收入增长幅度是否超过省里的数字标准以及提供配套的城乡基本养老保险和城乡基本医疗保险资金。在A市的实践中，每年10月，B省人社厅下达社保任务和指标（包括各种险种的筹资比例和增缴扩面数字等），A市人社局下辖的社保经办机构在此基础上，根据社保基础数字（包括参保人口、平均工资等）以及统一下发的预算编制模块进行简单的数字

---

[1] 据访谈人员称，只要发生一次煤矿事故，工伤基金支出就会超过百万，会影响基金平衡。

计算[1]填报市本级社保基金预算，同时汇总本市各区县社保经办机构编制的预算，统一呈报给市人社局基金监督科进行整理和上报，通过市人大审议后，最后上报省厅。

在具体的预算编制方法上，A市主要遵循以收定支的方法。在收入上，社保基金筹资比例、增长幅度由国家确定具体的数字，再由省向市县层层下达征缴扩面任务及其他社保计划。A市社保基金预算表（各个险种独立编制），主要包括社保基金收入预算和社保基金支出预算两部分，仅列举了预算收入和预算支出的总体数字，较为概化。预算只是根据"下发的统一模块计算出来的表格，而且报哪些，表怎样填都规定好了……只需核对和填上基础数据（工资水平、参保人口等），自动计算"（17814HJSJ）。如果A市的社保基金预算需要调整，是由B省人大而非市人大来调整，基本一年一次。市人大表示，由于社保基金预算封闭运作，从中央到省，把控很严，所以他们在审议时都会通过。而且社保基金预算送人大审议时，并不会将系统编制模块（市人大称为社保内部模块，并未公开）和基础数据一同报送，市人大看着粗放的收支数据预算表也无法进行详细的审查。

此外，作为中长期的社保政策需要发展中长期的预算框架来进行资金配置。因为它的代际性特征往往会使它溢出年度预算的时间框架，如养老保险。鉴于此，中国部分地区已经开始引入3年滚动预算框架实现社保基金收支的预测，如云南。但是，A市在访谈期间并未在社保基金预算上实施3年滚动预算编制，而仅

---

[1] 据A市访谈者所言，人社专门有个联网的预算编制的系统模块，只需要在系统上填入对应的数字，如常驻人口，平均工资，筹资比例等，自动计算出本年度预算收入和预算支出，然后将收支数据填入统一的预算表即可。

停留于年度预算编制。在年度预算编制时主要凭借管理经验（去年参保人口和工资水平）、上级下达的数字安排和统一模板来进行资金配置和数字填报，并未进行保险精算来预测未来的社保基金收入和支出趋势，也未采取绩效管理手段来评估预算支出收益范围和幅度。由于预算填报依葫芦画瓢，官员能做的事情不多，这一预算过程被当地官员称为"数字填空"（17814HJRC），即按照下发的公式和报表填上当地的社保信息，通过统一的公式自动生产出相应的预算数字而无任何精算、预测和绩效评价。

5.2 D市社会保险基金预算管理过程

5.2.1 个案概述

和A市穷财政的状况不同，D市地处沿海省份，经济较为发达。D市年轻人流入比例较高，为当地的社保基金筹资缴费做出了贡献，因此社保基金收入能力较强。根据D市统计局公布的2019年末统计数据，2019年，全市GDP同比增长6.8%，一般公共预算收入344.4865亿元，远高于A市往年的财政水平。D市下辖3个区、15个镇、10个街道和5个经济功能区，总体属于一个新兴发展城市，传统工业企业较少，历史负担较轻。2019年年末，常住人口达到202.37万人。其中，参加城镇职工基本养老（含离退休）135.04万人，参加城乡基本养老保险9.52万人（含领取养老金人员），参加基本医疗保险197.82万人，参加工伤保险110.42万人，参加失业保险108.62万人。与A市相比，D市常住人口较少，参保范围更广，财力保障能力较强。

在统筹上，C省在2017年要求职工基本养老保险基金由省社保经办机关统一编制，不再纳入市级社保基金预算编制范围，后工伤保险也纳入省统筹编制的范围。目前，只有居民养老保险、机关事业单位养老保险、居民基本医疗保险、职工医疗保险和失业保险在地方的编制和管理范围，对于实现省统筹的险种，地方只需向省级人社报收支的预算计划即可，并由省级人大来审核。这种往上统筹的力度还在不断增加。2020年，失业保险基金本应实现省统筹，但由于新冠肺炎疫情的影响，失业保险基金的众多政策出台，因此，暂时还由当地来进行社保基金预算编制。当地官员声称，往后地方社保基金预算负责编制的可能只有居民基本养老保险和居民医疗保险基金两大块。此外，医保和生育保险业已合并，抗风险能力得到了提高。这种较高且完善的统筹层次和险种合并使得 D 市的地方政府面临的社保基金险种较少，预算编制和执行管理负担相对较轻且更简单，社保基金收支多年来不仅能够达到平衡且有盈余。近几年，虽然政策变化和经济新常态的影响导致当地社保基金中的机关事业养老和城乡基本养老仍然会在当年赤字运行，同时，该市社保基金征缴扩面已经超过了99%，接近100%，扩面空间不大，未来的政策调整以及经济发展形势都会对筹资造成挑战，但是，由于历年来的社保基金滚存结余较高，市级社保基金尚能维持且正常运行。即使在2020年新冠肺炎疫情期间，D 市进行复工复产后，企业申报的参保人数一直在持续增长而非下降，这对社保基金收入可持续具有积极的意义。

5.2.2 "新瓶装旧酒"的预算模式

D 市的社保基金预算也是封闭运作，根据自上而下的政策框架、人社部和财政部下发的社保基金表格与收支分类科目体系，进行市级社保基金预算编制。2015 年，即《预算法》（2014 年修正）出台后，D 市才将社保基金预算纳入人大审批（之前一直都是政府审批）。人大在预算监督上基本只看社保基金预算收支是否符合上级政策要求，以及相关政策变化对收支平衡造成的影响。人大和财政都会对社保基金收支趋势及相关的政策变化予以关注，如果要出新政策或者政策变化，人大和财政都会调研且要求人社部门进行相关的测算来看收支平衡情况。

为了更好地掌握整体财政收支平衡情况，从 2016 年起，D 市开始编制 3 年滚动预算规划，涵盖了包括社保基金预算在内的 4 本预算。但是，相较于年度预算，3 年的社保基金收支规划较为简单，主要关注增长率趋势和基金未来 3 年的基金运行情况，按照当地部门官员的说法"只是做个大框架给领导看看"（20814GDZH）。根据这些年编制的 3 年预算规划，当地官员认为，当地社保基金收支和财政基本可以，因此，他们未对社保基金预算收支平衡抱有很大的危机感，也对 3 年的滚动预算规划对未来指导的意义保持相对保守的态度。实际上，他们更关注社保基金年度预算，如果社保基金可支付月数达到个位数的时候，财政部门就会提醒相关部门注意，并提前预警补亏。由于 2020 年新冠肺炎疫情的影响，D 市领导已经要求财政部门开始做未来 5 年的收支平衡方案。

此外，为了更好地保障社保基金的使用效率，在 2020 年，D 市已经开始研究社保基金绩效预算，正在着手设计绩效指标体系，尝试对社保基金绩效做一个大的目标，然后对照指标来看预算完成情况。但是，当地的官员觉得由于社保基金预算受到政策影响较大，地方政府没有社保基金事权调整权限（如调整缴费率或者待遇水平这类权利门槛），因此，绩效管理的指标体系建设对于结果导向的影响不大，建立绩效预算指标体系主要是为了将现在做的各项社保基金预算工作对应归类，进行理性化的展示，而很难真正地利用结果指标来进行社保基金资金分配的资源优化。这种绩效预算管理正处于起步摸索阶段，地方官员持观望的态度且认为是"新瓶装旧酒"。

5.3 地方政府社保基金预算的行为逻辑：体制困境与激励行为

两市在社保基金预算的基本情境和预算模式上有一定的区别（见表5.1）。但是，两市均能保证社保基金预算当前的平衡。不过，他们都对未来5年甚至更长的情况并不确定。同时，囿于不成熟的预算管理技术（缺乏精算、预测和绩效管理）和由上自下的政策变动的影响，无论是紧缩财政的A市还是沿海富裕、预算管理较为先进的D市，对社保基金预算管理技术，如绩效、精算等，即使正在起步，也都抱有谨慎且观望的态度。基本上，两市主要遵循一些固定的行为逻辑，使得地方在社保基金预算管理上都较为被动。

表5.1 两市的社保基金预算比较

	A市	D市
基本情境		
财政状况	较困难	较好
人口结构	人口结构稳定、有历史负担（国企退休人员）	无历史负担，年轻人较多

续表

	A 市	D 市
社保统筹	职工养老保险、工伤保险、居民养老保险、机关事业单位养老保险、居民基本医疗保险、职工医疗保险和失业保险	全省统筹：职工养老保险和工伤保险 本地：居民养老保险、机关事业单位养老保险、居民基本医疗保险、职工医疗保险和失业保险
预算平衡	当前基本平衡，略有结余（截至2018年）	当前有结余（截至2020年）
预算模式		
绩效预算	无	有
中长期框架	无	有

中国的社保基金预算收支需在既定的政策框架下严格实行。诸多学者对地方执行既定政策的行为解释都围绕着"条块"结构的组织激励来进行，并认为这种体制会带来"上层领导超负荷"和部门间的相互推诿和扯皮，信息失真、官员约束不力、腐败和专断的问题（Liberthal，2002）。"条条部门"和"块块部门"共同构成了中国的管理体制。在"条线结构上"，行政权力的等级分配（权力向上）和行政事务的逐级发包（责任向下）是我国政府间关系的主要特征（周黎安，2008）。各项政策的推行及其项目的实施须由中央层层发包，各层面的政府职能部门，如征缴社保费的税务部门和作为预算管理主体的人社局，都需要接受上级垂直监管部门（即"条条部门"）的领导。然而，地方政府各部门却由于财政收入不足，资金分配体制上的问题、不同的利益和价值取向，或政策目标模糊和内容不合理等问题，不总是切实执行上级政策，反而在各种执行现实中进行权衡、两头变通，并主要表现在将政策具体化到特定的地方情境（Chen and Naugthon，2016）。因此，在科层制的治理体系之

中，中央为了更好地达到重大政策推行的目的，尤其是关系国计民生的社保政策，往往会集中行政资源，以强大的压力来使得地方能够贯彻实施上级政策（周雪光、练宏，2011）。为了达到治理效果，上级政府会通过目标管理和过程控制的技术化治理办法，"条线"控制下级政府并保证资金的高效使用，从而促使治理机器日益朝着理性化方向发展（付伟、焦长权，2015）。

社保基金是人民的"保命钱"，因此，预算管理的"条线"控制更为严格，并成为我国技术化治理的既定结构。在我国的社保资金配置的格局之中，存在着多个纵向层级结构，涉及中央、省、市、县（区）四个层级，2 000多个统筹单位，各级垂直管理（郑秉文，2007）。在这种等级制的制度格局之中，中央促使地方政府在社保基金预算中采用统一社保基金预算编制模块和增长系数来进行规范化和标准化，并须在国家统一的政策框架之内进行编制和管理，比如业已由国家确定的筹资比例、增长幅度、报销封顶线等，由于涉及权利，这些数字指标都被中央全部明确并"一刀切"，同时也是为了实现全国统筹再分配，地方并未有插手的空间。在这种"条线"控制的等级制格局之中，由于社保基金的实际收支沉淀在基层市县，而决策（缴费率，起付线等）却在中央，地方官员的财权与事权并不匹配（郑秉文，2014)，上级政府无法直接生产和监督社保基金预算数据，而生产和管理预算的基层社保机构又无法对其进行决策，而只是在规定的幅度范围内被动的执行，决策权力和收支责任分立。因此，社保资金预算信息沟通过充满了挑战，预算治理的意义（比如利用预算来实现社保基金控制和约束等）在地方层面没有得到充分的体现。两个地方在社保基金预算行为主要表现为预算编制上的数字变通和行为保守。

在"块状"的组织结构中，由于预算管理体系碎片化的管理和责任，容易出现避责的问题。由于权力分割在各个部门，一个项目需要涉及多个部门，如果遇到冲突，容易出现部门间的相互扯皮和推诿，最后必须依赖更高层级的政府来进行协调，以达成部门间的共识和妥协（周黎安，2008）。在社保资金管理上，涉及三个部门，即社保部门、财政部门和税务部门。社保部门主要管理具有个人账户的社保基金；财政部门主要承担城乡基本医疗和城乡基本养老的财政资金配套以及对社保穿底进行兜底；税务部门则负责社保基金征缴。因此，社保基金预算管理职责分散于三个部门。此外，医保预算还涉及医院，其主管部门是国家卫生健康委员会（简称"卫健委"）。这种碎片化的格局都造成了社保基金预算编制和监管上的困难，降低了预算管理的效率。

5.3.1 "条线"结构激励下的预算行为逻辑

5.3.1.1 预算数字变通

两市在社保基金预算数字上均需要耗费大量精力来进行权衡变通。这是因为：在预算编制的过程中，征缴扩面这类管理目标国家有明确的规定，且强调省征缴收入预算应不低于人力资源和社会保障部下达的征缴计划（人力资源和社会保障部，2012）。在经济新常态下，财政收入放缓，筹资来源有限，筹资比例由上固定，征缴扩面所带来的基金收入增长也为地方政府顺利完成上级社保任务带来了更多的保障。而且，自提出"构建和谐社会"以来，行政职能开始向公共服务转化，除 GDP 外，中央也开始将社保也纳入数字指标控制以及官员考核的范围，推进技术治理（渠敬东等，2009）。于是，地方政府积极推行征缴扩面，以完成上级的目标数字。与此同时，国家在地方层面发展了一套统一、标准化的预算填报表格，地方则根据模块中的表间公式和各种其他公式进行当地的数据录入填报，自动计算生成预算数据。尽管中央也指出，社会保险基金收入预算的编制应综合考虑当地的情况和社会保险工作计划等因素，且应该上下结合，通过特定的方式协商编制，以既符合国家大政方针又不脱离地方实际（人力资源和社会保障部，2012）。但是，在地方层面，却产生了两种情况。

第一，鉴于社保"条线"化科层制管理体制下的增资激励，以及它对构建社保体系的重要意义，上级确定的征缴扩面数字，基本上成为地方的政治目标。这个目标又与干部考核挂钩，并被层层加码，最终在预算管理和社保制度建设之中成为一种硬性数字标准。在无人扩面的情况下，为了完成增资的数字指标，地方官员会想办法进行权衡变通，并因此形成了掺杂水分的收入预算数据。在A市，社保基金预算编制需要遵从省人社厅每年下达的征缴任务。但是，"每年省里下达的数字任务太重，有些完不成，但政治任务必须遵守"（17814HJSJ）。同时，在养老保险上，A市的筹资比例也被提高到了10%，而国家规定的筹资比例为8%。在这种情况下，A市有些人口稀少和财政困难的区县为了完成征缴扩面的任务，他们有时会降低社保权利门槛，把不符合条件的人员也纳入在内伪造预算数据，形成福利欺诈。如"没有退休的，缴个15年，马上办退休"（17814HJSJ）；多重参保；伪造名册（更改常住人口，将已经死亡的人纳入保险范围）等。这是市人社局较为头疼的一件事。因为征缴扩面的预算数字是筹资的政治任务，一层层下达下来的，完不成就是政治问题，其严重性远高于社保基金违规。在这个目标任务的压力之下，地方政府有一定的动机去促使收入预算数字生产走向虚构，来规避政治风险。但是，近些年，市人社局严格把关社保基金收支的准入，并在预算管理上和民政局、公安局等相关各方核对社保参保和应享条件（如丧葬和死亡），矫正数字误差。目前，基础数据基本准确且福利欺诈控制较好。

第二，据地方官员称，由于采用统一表格模块，全国一盘棋，许多参量，比如人口每年的增长率、平均工资、参保率等趋势是根据预先的国家统一政策及设定好的多个表间公式测算出来，而无法根据当地当年情况手工填入，如果完全按照表格来进行填报计算，最后的预算数据可能无法完全符合当地社保基金收支现状。因此，D市地人社的工作主要在于微调数据而不是填报，即参照国家给定的社保政策幅度，在其范围内微微调整、修正各个表格的参数，以使得最后计算出来的社保金预算表能够反映出当地的社保基金预算的具体情况。如果出现一些无法通过调整和修正参数而达到的预算数据，人社部门还需撰写说明以阐释实际情况及其原因，随最终预算表一起提交到系统内进行审核，根据政策规定的遵从情况和上级对说明情况的认可程度，来决定是否返回重写编撰。基于这种现实，当地的社保基金预算编制被人社局官员描述为一个由上自下、根据政策反复调整和不断修正、倒推数据的过程，工作量较大且耗费精力。特别是在2020年，由于新冠肺炎疫情的关系，社保政策频频出台来保障社会稳定和民生，而系统内社保基金预算编制表的各项指标没有根据政策进行及时动态的变化，因此，当年的社保基金预算一直在不断地调整之中。由于政策经常变动调整，预算始终无法确定下来，不断再进行调整修正，当地人社局甚至说"预算搞的跟决算一样"（20814GDZH）。社保基金预算约束的意义被削弱了。这种情况在 A 市也同样存在。

在 A 市的实践中，由于来自上级的"条线"控制过于严格和刻板，地方事权有限，决策和编制空间太小，社保基金预算管理成为它们完成上级任务、维稳、保留做事痕迹的"记账"工具而没有实现真正的收支控制。这种情况越到基层区县就越为突出，因为对它们的预算数字监管更加困难，不可控因素也更多，增加了地方政府产生道德风险的危险。对于上级政府而言，他们无法监控实际的资金流，对于计算出预算数字的社保基本信息（如参保人数、缴费对象等）也因为人手不足，参保对象变化等而难以核实。B 省在 2017 年开始尝试在全省推广一站式的社保信息联网，试图通过技术革新来提高基础信息搜集的便利性和准确性，增进行政组织内部的信息控制和流通。在全省的倡导下，A 市人社局也试图推动和各部门联网来核对信息，但是只处于起步阶段且需要大量人力和财力，这对穷财政 A 市而言是一个挑战。为了更好地实现基础数据的准确性，保证预算编制的有效性，A 市人社局也采用了社会监督员的方式，聘用专门监督的人员来对社保基金进行监督，但是，这却演变成了监督人员的持续不断的挑刺和找问题，有些问题甚至超越了人社局的职责权限，需要协调其他部门，成本太高，最终，他们只能作罢。高昂的监管成本导致市级社保官员们只能相信下级上报的预算数字并据此进行管理。

5.3.1.2 保守的预算数字

社保基金预算需更加谨慎地进行，发展有效的治理信息，以防范隐性债务风险、保障社保财政可持续。但是，两市在社保基金预算实践上都不同程度地趋向于保守。主要表现在两个方面。

第一，"保红线"的压力导致填报和存储都趋向低水平。在A市的实践之中，鉴于社保基金安全和地方稳定息息相关，且中央三令五申地强调社保基金的收支平衡和安全运行，于是，地方政府通过"保红线"来控制社保基金支出。实际上，基金安全——"保红线"和征缴扩面一起也已经成为地方政府首要的政治目标，只要基金不穿底，就被认为是安全的。因此，A市在社保基金预算编制上倾向于在可能的情况下尽量少报社保基金收入数字、多报社保基金支出数字。D市在社保基金预算上也是采取的保守的态度，即会比实际情况稍微少报一点。实际上，前几年预算的原则已经明确说明社保基金不能零增长或者不增长，但是，近几年鉴于各种国际形势和当地的实际情况，D市的人社部门还是坚持了负增长的填报，以给自己较小的压力。而A市的考虑也如出一辙，一方面是鉴于上级考核，"任务小，来年预算更加轻松"（17814HJSJ），另一方面，可以规避基金穿底所带来的经济、社会以及政治风险。鉴于预算技术的不足，地方官员们就更不想也难以在预算中发展支出绩效指标来衡量资金使用的好坏，而是"保红线"为上。同样的，对于社保储备金，A市每年预算收入定好以后，按照相关文件预留10%，且只做银行长存，没有进行其他的预算计划的动力。由于全国社保基金理事会的投资并未公开说明投资效益情况，而其他投资渠道，如国债等有特殊规定，所以，A 市市政府和市委领导为了规避社保基金投资失败而危及"红线"数字，并未对社保基金进行合理投资来保证长期的增值，相反，他们采用存款这种更加保守的态度来规避可能出现的政治风险，甚至不惜牺牲未来可能的投资收益，从而导致了大量结余无法使用，常年跑不过通货膨胀。

第二，统筹的趋势不断加强和社保政策的持续变化（如2016 年的生育和医疗保险的合并、2017 年的社保基金养老省级统筹、2019 年的工伤保险省级统筹以及 2020 年的减税降费政策）导致地方官员创新和精算不足。统筹在社保制度建立之时就有共识，而近年来，社保基金收支向上统筹的趋势不断加强。2019 年 4 月《国务院办公厅关于印发降低社会保险费率综合方案的通知》明确提出 2020 年底前实现企业职工基本养老保险基金省级统收统支（朱恒鹏等，2020）。统筹可以实现共济、促进劳动力流动和区域服务供给均衡，缓解基层财政压力（孙黎，2012；李连芬、刘德伟，2013；卞听韵，2014；齐海鹏等，2016）。但是，统筹层次提高后各级政府责任划分不清，容易引致道德风险问题（齐海鹏等，2016；付明卫、徐文慧，2019）。因为在全国统筹上，中央和地方社保基金预算上资金分配上的优先考虑不同，中央考虑全国社保基金平衡大局，在全国的数据基础上来进行收支平衡，以保障社会公平，虽然全国统筹尚未完全实现，但是统筹进度已经明显加快；而地方可能更多地考虑地方发展和利益，主要倾向于地方社保待遇的提升，因为这样做既有利于当地引进人才，也有利于当地的建设发展。如 D 市，地方政府对深受政策影响的社保基金险种和收支发展方向并不确定，他们在做一些社保基金预算管理时则会更加谨慎和被动，在积极主动进行社保基金预算优化（比如社保基金精细化管理、社保基金精算、优化绩效管理等）上犹豫不决。当地官员表示，"我本身来做社保基金预算管理模型成本很高，还需要长期投入，哪天要是省里把这些险种又统筹上去了，那前期的钱就白花了……我们只是执行上面的要求"（20813GDZH）。在"条线"控制下，伴随着统筹的提升，地方政府可以控制的社保基金的资金池子较少且还伴随着政策的不确定性，地方官员可以做的空间和自由裁量较少，地方官员认为精算对于地方层面意义不大，因而在社保基金预算控制上较为宽泛且被动。

由于社保基金收支都是通过国家政策权利就决定了收支标准（缴费率和待遇规定），于是，地方官员对2020年刚开始尝试的社保基金绩效预算也抱有保守的态度，认为它很难像一般公共预算一样起到根据绩效结果进行政策上的调整的作用，目前增加的工作量也只是将各种社保基金指标归类到目标框架下而已。这只是个展示和归纳工作，而不具有指导和约束意义。因此，D市的社保基金预算管理和监督主要集中在收支趋势大致测算和政策遵从度上，而不是精算预测和控制。由于收支标准都已固定且无事权，地方政府没有空间去创新及实现社保基金可持续这类宏观长期目标，地方政府想要达到社保基金收入增长只能通过征缴扩面，这又取决于人口比例和参保人数，因而，D市出台了大量人才引进政策，希望在发展经济的同时也能提高社保基金稳定。同时，地方也会考虑到，既然中央要进行全国池子的管理，那么，再多的盈余也不能成为自己的，在具有劫富济贫功能的全国统筹下，只需要保证收支数字平衡就够了。因此，统筹对地方政府收入征缴的积极性有一定的负面影响。

5.3.2 "块状"管理下的预算管理行为

5.3.2.1 地税局与人社局:"人""钱"分离

在 A 市和 D 市,人社局主要管理参保人信息,而社保基金缴费由税务局代为征收。与社保经办机构征收社会保险费相比,税务部门征收社会保险费能够提升征缴的强制性与精准性及增加社保费征收的效率,从而减少企业的欠费、逃费、不实缴费行为,促进社会保险征缴收入增长,最终起到夯实费基的作用(郭瑜、张寅凯,2019)。具体流程为税务局负责开票,银行将缴费收入存入社保财政专户,人社局再根据税务局所开票据数字而非实际资金进行社保基金收入入账,进行资金管理。税务掌握着实际的资金,而人社局则负责参保人的各项信息。简言之,税务管钱,人社管人,参保人和缴费分离。人社局虽然没有直接掌握社保实际缴费收入,但他们可以通过他们所掌握的参保人信息,如当地参保人员数、平均工资等信息估算出大致的缴费收入数字,并用于每年的预算编制,以收定支。但是,这种预算数字和实际入账往往对不上号。

这有两方面的原因。一方面,两者的征收理念不一样。人社局的主要工作在于核查参保信息的准确性,保障基金安全,在没有给税务局进行征收之前,他们在进行社保基金征收时是按照参保人批次来对应征收,征收都会按照参保情况发起计划,每一批征收会按照人员缴费成功失败非常清晰。而税务局的目标主要在于保障征收效率,社保基金征缴只占税务局业务一部分,并非税务部门的主要目标和职责,他们进行征收时往往会根据税收的一般征收方式,针对企业和征收总额来进行扣款,它们只关注资金到位的情况，来对人社入账时主要是按天每笔钱入账，无法反映出每笔钱对应的哪个批次、是哪个参保人缴费等信息。税务局官员并不会去直接核对参保人的信息情况，不知道也不会去关心个人账户信息的细节情况，如企业退休人数变化等。因为这是人社局该管的"人"的部分，一旦企业参保有变动或者错征都需要社保局来进行调整。由于征收金额和参保人分离，没有对应，就会造成征收的数额和人社局根据参保信息估算出来的不一样。

另一方面，根据访谈，在 A 市征缴收入的三方管理机构之中，银行是企业性质，它追求利润和效益的最大化。相较于人社局，它和税务局因为整个地区的征税工作而关系密切。有时为了增进本行现金流，他们有可能和税务部门形成"共谋"，设置过度账户，将社保基金收入暂不入账。在这种情况下，税务局会有选择的递票给人社局，也不存入财政专户之中，而是进行滞留。在 A 市，即使审计部门审出了税务的问题，但是，鉴于社保基金性质和人社部门的职责界定，人社局需要承担同级监督不力的责任。这都进一步弱化了税务局在社保基金征缴中的责任。尽管国家不断加强社保基金的监察，但是，由于存在部门壁垒和缺乏统一的权威机构进行协调，跨部门和跨行业的监管在地方实践之中困难重重。

5.3.2.2 财政局与人社局的分块资金管理

除税务部门外，掌管一部分配套资金的财政部门也会植入自己的优先考虑的事项。具体而言，我国地方政府既是各地区经济发展事务的主导者，同时还在再分配事务未实现中央统筹的情况下，承担着庞大的社保责任（游宇等，2016）。而这种责任往往是消耗了地方过多的财政资源且不会产生直接的财政激励（Shi,

2012)。在这种情况下，社保资金的配置情况直接取决于当地的财政能力。事实上，在中国的财政分权的框架下，地方政府小份额的财政收入并不足以承担大份额的社会支出责任（Wong, 2010），有些市县甚至无法配套社保基金或承担兜底责任。对穷财政的 A 市而言，由于财政资金紧张，为了平衡整个盘子的运作，有时会将财政资金滞后或者让银行扣留一段时间再行支付。根据访谈者所言，部分上级财政拨款和配套，在省里查是拨下来了，但是在预算执行时却并未到位，处于空账的状态。人社局在做支出之时又须将这笔钱做进去。这种滞后会影响社保基金的银行存款和后续支付，人社局须承担责任，因此，A 市人社局在预算数字生产上会和财政局会发生冲突。为了协调两者，市政府要求人社局和财政局联合写说明共同签字，来解释空账数字，共同承担责任。而在资金充足的 D 市，近几年受到政策的影响，财政也开始需要补充和兜底机关事业养老保险的资金，而其余的职工医疗保险和城乡居民医疗保险，失业保险则主要依靠滚存结余，但是对于未来的规划也只限于三年而无更长时间的考量。

5.3.2.3　卫健委、医院与人社局：复杂的医保资金

在各项社保基金中，医保基金的管理格局更为碎片化。在 A 市城乡医保基金合并以后，原先由卫健委管理的新农合转移到人社局下属的医保局手中。虽然现在人社局全面掌管医保资金，但是，实际运作医保资金的医院却是从计划经济时代起就由卫生部门进行直接管理。医院的行政、人事变动、工资和招聘都是卫健委主导，而人社局只负责医保定点医院的医保支付业务，并控制支付额度不超过总额预付的数额。事实上，在社保基金预算涉及的所有险种中，医疗保险的总额预付是唯一的预算支出控制手

段。由于它只需要确定大盘子（设定医保总额数字），然后对医院分配额度，治理成本较低也便于精细化管理，还能够回应当下的"看病难，看病贵"的社会问题，技术治理效果明显。因此，总额预付成为国家在地方推行的较为广泛的一种控费手段。但是，这种刚化的控制手段并未起到良好的效果，而是造成了各医院通过"争盘子"来取得更高的预算份额。为了"做大盘子"，A 市医疗也产生了一些乱象，比如伪造病历、过度检查和医院预先垫付等，推高医疗费用。结果造成了平均医疗支出高于自费医疗支出的怪象，"比如阑尾炎，总额预付之前只需 3 000 元，而现在却达到了 5 000—6 000 元"（17814HJSJ），这都造成了资源的浪费，增加了社会和政府的医保资金的负担。因此，支出控制并未达到原有的期望，反而异化了。这主要有三个原因。

第一，信息和专业精算人员的缺失导致政府在预算计划和管理，以及总额控制和结算上的被动局面。在"条块"分割的政府职能框架下，医院的主管部门——卫健委掌握了大部分的医院微观数据，而分属于不同"条线"部门的人社局和它各自为政，无法进行信息沟通和交流。由于人社局只能掌握医保报销数据，并不能获得医院的具体运作成本数据，如自费医疗费用、医疗服务定价等，以至于医保局无法微观监督医院医保资金的使用效果，那么，他们也就难以根据整体的医院运作成本来进行医保费用控制。在 D 市，鉴于医疗行业专业性很强，医院往往会聘请精算专家或者数学专家对医院的整体运作成本和未来的医保结算进行精算，然后以此为筹码来和政府进行谈判，而由于政府缺乏专业的精算人员，只是一般的业务部门会计来做测算，导致政府在总额控制和医保结算谈判上较为被动。"前几年是医院跟着我们的计划来走,现在我们要跟着他们的计划了"(20813GDZ)。

第二,社保基金管理会计的缺失也间接地造就了医院和人社局在总额控制上的微妙关系。由于A市编办只给了25人的编制指标到市人社局下的医保局,远远不能涵盖庞大的医疗保险基金数据管理,尤其是在每年的医保预算编制数据的搜集、核查、计算和汇总时更是捉襟见肘。为了更好地解决人手不够的问题,保证数据的及时和准确性,社保经办机构聘用了大量的编外人员并签订劳动合同。但是,在国家取消了社保经办机构可以从社保基金中提取管理费之后,这些人员的高额成本就成为A市人社局较为头疼的问题。由于社保基金预算中不列管理成本,也没有配置任何实际的财政资金来负担这些人员,人社局只能将这些人员挂靠在医院之下,利用在总额预付中的谈判条件来对医院进行施压和交换,医院将这些人员纳入他们的运营成本。同时,这些人的工资由医院发放,他们对医院的利益更为关心,在医保基金预算的总额预付之中有时会就自己的便利情况权衡与医院通融。这都进一步推高了总额预付的管理成本,影响了控费效果。实际上,如果现行的社保基金预算能够体现管理成本,就可以更好地帮助政府全面审视社保基金的运作,增加基金的透明化(张岌,2017)。而目前,管理成本会计的缺失变相地促成了医院和人社局之间的利益谈判,最终影响了社保基金预算的数字生产和管理。

这些情况的出现违背了预算管理的初衷,这是因为不同的部门具有不同的优先考虑事项(见表5.2)。再加上体制上的职能切块,导致在社保基金预算管理上难以进行跨部门联动,也无法建立跨组织之间的信任与监督。总之,在碎片化的格局之中,你有你的法,我有我的法,加上当地复杂的现实,难以整齐划一地进行预算数字的生产与管理(见图 5.1)。

表 5.2　各部门的优先考量和社保基金的职责

部门	优先性	社保基金中的职责
税务局	征收效率	社保费征缴(开票)
财政局	收入任务、地区收支平衡	社保基金配套和财政兜底
人社局	基金安全	编制预算和预算管理
卫健委	医疗服务发展	2015 年以前掌管新农合(A 市)
医院	经济效率和医疗安全	医保资金实际运作
银行	经济效率	社保费账户

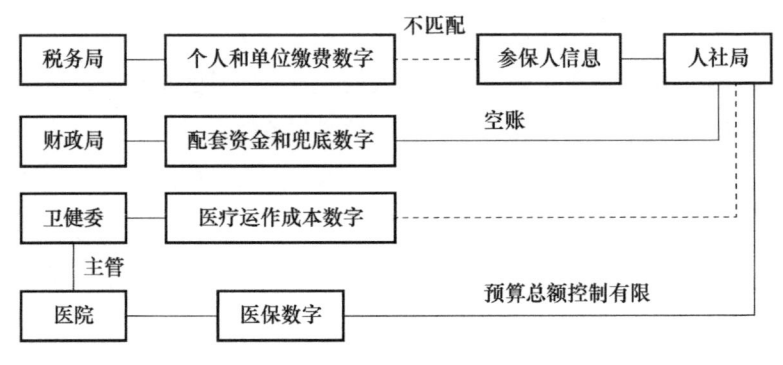

图 5.1　"块状"资金管理下的社保基金预算行为逻辑

5.3.3　小　结

和其他"三本账"不同,社保基金预算收入和支出都必须在国家既定的法律政策框架内进行预算编制与控制,较为固定。但是,地方政府执行这些既定的政策框架时,又受到了诸多因素的影响,比如中央设定的自上而下的保守激励结构(Ran, 2013),各个部门之间的碎片化责任,以及在这一"条块"制度体制之下的不充分的人员和专业能力(Chan and Ngok, 2016)。

这都影响了社保基金预算管理上的问题。虽然两者预算管理行为规范程度和技术水平有差异，但是囿于现有的社保基金预算制度框架，两市的实践均表明了社保基金预算制度尚不成熟且能动性不高，社保基金预算治理较为被动。

第一，在自上而下的"条线"体系之中，中央主要负责进行顶层的政策设计和普遍主义的福利资源供给和管理，通过再分配来实现更大的社会公平，而地方政府主要负责达到政策目标。但是，目前，中央和地方在社保上的权责并未界定清楚，虽然现在已经在进行基础养老金全国统筹的趋势，但是，合理的财政分担机制和各级政府如何承担相应的缺口补贴还未统一。各地的财政能力、官员激励和制度条件千差万别。在"条线"控制的全国统一的社保基金预算编制以及政策幅度下，地方政府面对具体的政策执行，最先考量的是"具体化"政策以适应当地的情境且要完成上级下达的任务，从而导致社保基金预算管理上的机械化、形式化的问题。

在 A 市和 D 市的实践中，尽管 D 市的社保基金预算比 A 市要向前一步，比如收支趋势分析，提前预警，2016 年就开始的三年滚动预算，2020 年刚展开的绩效预算等，但是，由于来自上级严格和刻板的"条线"控制和不断向上的统筹趋势，地方社保基金的资金池子日益缩小，可支配的资金和政策并不多。地方政府只是扮演执行者的角色而没有事权，预算决策和编制空间太小，社保基金预算管理较为被动且只发挥了"记账"的效果。由于社保基金政策性较强，缴费和待遇等影响社保基金收支的权利门槛控制在中央，通过预算管理在中长期框架内来合理地控制地方社保基金收支目前还面临着较大的挑战，即使在财政充足的

D市，社保基金赤字运行也是靠滚存结余来补缺，且只考虑几个月的运作情况。D市的这些措施目前看来可以帮助政府在当前的社保基金预算执行上予以一定程度的把握，但在长期未来控制社保基金预算平衡上还是具有挑战性。两地的官员均认为，精算和预算的作用在高的统筹层次发挥的作用更大。但是，统筹也会对地方政府的征缴积极性产生负面的影响。特别是，当医保和养老基金财权从市县一级收归到上级政府时，市县政府基金征缴力度和支出监管力度就会下降（Li，2018）。基金管理权上收到省级政府，但征缴和支出监管职责仍由市县政府承担，权责分离难免产生委托代理问题（朱恒鹏等，2020）。中国目前推行的省级统筹模式实质是省级政府与市县政府签订一种长期契约。省级统筹可以通过在市县间分散风险提高各地期望效用，但因此导致的搭便车行为会降低基层政府征缴积极性，而省级统筹后，不再拥有支出平衡责任，却具有支出监控的权利，也会使得监控力度也会因此下降，"肥水不流外人田"（朱恒鹏等，2020）。这些行为都会影响到地方政府在预算收支编制和监管上的消极。

有研究表明，提高统筹层次会削弱基层政府，特别是市县政府可支配财力而进一步弱化地方政府增收节支积极性，加剧了其道德风险行为（朱恒鹏等，2020）。因为减税降费本就导致财政收入下降，而严格限定为专款专用的社保基金可以、实际上也被拥有管理权的地方政府用作隐性抵押手段从银行获得贷款，以扩张本级政府实际可支配财力，同时作为支持本地城商行发展的重要手段（朱恒鹏等，2020）。县市政府为了确保财政平稳运行，"保基本民生、保工资、保运转"刚性支出不降反升，统筹层次提高又进一步降低了其可支配财力，同时弱化了其偿债能力。而对于部分地区的城商行来说，本地存放的社保基金结余一旦上收，存款规模骤然缩减，还可能会引发一系列"爆雷"风险（朱恒鹏等，2020）。而目前这些债务情况并未纳入预算管理之中予以考量。另外，和一般公共预算不同，在固化的预算管理和政策框架内，由于把握不准未来的具体政策，以及社保政策对财政资源的消耗性，地方官员也缺乏预算管理创新的动力。只有清楚的界定清楚中央和地方的社保事权和财权的划分，给地方政府匹配和事权相应的财权才能更好地激励地方政府的社保基金预算管理。

第二，由于社保制度的分裂和权责界定不清的问题，各个部门围绕社保基金预算来进行管理和提供信息上总会出现碎片化的趋势。比如税务部门和人社部门在社保基金收入细节上的错位，财政和人社在配套资金上的延迟，以及医院和人社在医保基金预算总额控制上的讨价还价。这些都影响了社保基金预算管理的效率和最终的效果。由于社保经办机构承担了大量社保征缴和支出、反福利欺诈和监管等基础事务，且缺乏专业的社保政策和技术人员来进行精算、分析和社保基金预算信息管理，再加上部门之间的联动和基础信息网络技术的缺乏，部门之间无法进行信息的共享，社保机构在进行社保基金预算管理控制时也难以进行精细化的管理，以及对社保基金参保者更加精准的缴费、权益的跟踪和计算。社保基金预算管理似乎成为一个增加的工作量，而不是一个可以在中长期内进行预算控制与指导的有效治理工具。因此，下一步则是理顺和畅通各部门之间的信息壁垒，发挥多部门联动的优势，来进行有效的绩效管理并予以公开，以便进行监督。

第六章　重构中国社会保险基金预算管理：优化与创新

在后危机时代，如何实现财政平衡规范这一国家财政基本原则，已成为世界各国政治经济所必须面对的挑战（张岌，2014），而如何进行有效的社保基金预算管理则是其中重要的一环。虽然在 2005 年，国家政策的重心已从"经济赶超"转向"和谐社会构建"，强调完善涉及民生的社会保障体系。在"和谐社会"的倡导下，尽管国家开始强调和加强社保支出，但是，社保资金分配结构和效率却屡受诟病。在 2010 年开始实施社保基金预算以后，中央开始不断重视提高社保资金的配置效率和利用科学理性的配置方式来统筹安排资金，实现更大的公平。但是，由于社保基金预算本身的权利性、政策性的特征，和其他预算有着本质的不同。一方面，它本身的资金约束并不强，各类社保基金收入取决于征缴情况的好坏，且中央补助规模也不确定，各类社会保障对象变化大。另一方面，与政府公共预算指标相比，它相对复杂且具有递延性（当年筹集的资金并不一定用于当年，且有一部分作为个人账户进行累积），对它的收支控制往往要通过控制社保权益予以实现。这些特点伴随着总额控制、储备金、政策目标、管理和报告上的诸多问题，通常会在客观上造成政府注重实际基金收支，而忽视运用社保预算提升管理水平的局面（张岌，2017），从而导致隐性债务规模控制困难。

根据精算数据和双案例的研究，对于社保基金预算管理提升主要在于三个方面：一是加快全国统筹，且在省级和全国层面建立中长期的预测框架，做好精准的预测，以便实现总额控制，保障财政的可持续，在地、市、县级层面也需要合理划分清楚事权和配置相应的财权，在其权限范围内建立中长期的社保基金预测机制；二是建立预算监督的执行机制，发展预算管理绩效；三是在中长期预算和年度预算中使用权责发生制来清楚地追踪社保权益的成本及其实现的资金价值，报告现时和未来发生的权利义务，以及未来可能产生的债务趋势，同时需要每年将中长期预算报告纳入人大审批之中，迫使政府对短期政策的长期后果做出定量的估算，为立法机关对这些后果进行评估提供可能性（Schick，2003）。

6.1 中长期预测框架与基准情境

评价长期财政可持续性的起点是基准的中期财政预测，它通常至少向前展望5年。基准中期财政预测围绕着当前财政状况和短期预测进行，但基准预测无须像它们那么详细。为了评价财政脆弱性，基准中期预测还应该辅之以一些其他可能的情景的预测（Hemming and Petrie，2003）。对于社保基金而言，我们除中期财政框架外，我们还需要一个比中期财政框架更长的时间框架才能准确地反映支出责任，进而控制支出总额，以保证财政长期健康的发展（张岌，2014）。因为绝大部分与或有负债相联系的财政风险通常都会溢出中期支出框架的时间范围（Shick，2002），具有代际性特征的养老保险基金尤其如此。

根据测算，以 2010 年全国第六次人口普查为基准情境，到 2085 年的闭群债务和开放群体的养老保险基金债务分别达到 703 407.765 亿元和 6 832 100.05 亿元。可以看出，这对于未来财政的可持续相当紧迫。而我国目前由于基础数据零散不全面，中国政府总体上缺乏对中国社保基金预算的中长期预测，主要采取增长率的方式来预测下一年的支出（吉志鹏，2015）。由于在预算管理中缺乏稳定的中长预测框架，因此，政府也没有积极聘请专业预测和精算人员，而企业和医院聘请的精算师往往使得政府在进行社保控费等一系列总控制手段的谈判中，处于被动的地位，难以进行隐性债务风险的防范。这些都是需要迫切引起重视的一点。

不过，在中国实现中长期的预测，特别是要对社保中占隐性债务规模最大的养老保险进行精算，首先需要一个必要条件，即尽快实现全国统筹，明确中央、省、市、县这几层的社保基金事权并配备相应的财权以提供支持。同时，发展社保基础信息网络，打通各地区、各部门和各个险种项目之间的壁垒，实现预算信息的透明，且能在更高的层面和更大的资金池子里进行准确的预测，同时考虑不同地区的债务风险情况，进行积极的平衡和资金的再分配调剂。在预测的基础上，设置预算上限来加强预算程序的控制。中长期的预测需结合人口经济发展的各种情景假设，来具体指导权利门槛的设置（如退休年龄，缴费率等）以及每年的控费情况。此外，根据田野调查中发现的问题，在预算系统中要根据实际情况设置基准情境来预测，比如增长率和增长趋势，但要结合各地的情况，上级部门实时变更基准指数，下级部门可以根据实际情况修正指数（吉志鹏，2015）。

6.2 预算监督与绩效预算

除了中长期预测，实现社保基金预算的总额控制，缩小隐性债务规模，保障财政可持续的另外一个有力手段，就是福利反欺诈，即需要有效的监控手段。在预算上，主要体现为预算监督来保证政府行为的规范性，这一点主要反映在三个方面：首先，需要建立跨部门、跨地区的基础社保和预算信息数据，可以进行实时追踪和信息共享。同时需要建立绩效控制，注重和强化反福利欺诈的监控系统，对领取高额保险的人进行监控（Clarke，2010），固定时间对养老保险和其他险种进行核查。对于医疗保险和工伤保险，由于其福利保障权利不那么明确，所以要避免保险的最高额、共同付款额或者扣费额每年发生较大的变化（Clarke，2010）。一个好的策略是确定一个"核心福利"，如果基金有盈利的话，就有可能提高保险待遇，特别是保险覆盖的疾病多一些。这样，就避免了拘束于一种长期承诺，能够灵活地向投保人提供额外的支付得起的福利待遇（Clarke，2010）。目前，中国一些省市也开始编制不同行业的工伤情况以及病种对应付费的基础数据依据，但是这些基础数据依据还需要应用到预算之中，来实现绩效支出控制。

在大多数国家，社会保障及其资金分配都会基于一些政策目标，并据此设计许多关键绩效指标（Clarke，2010），以进行资金分配和结果考核。但是，它们的绩效预算缺乏事前目标引导，其手段也只是用来考核基金是否保值增值、收支进度、编制数据的准确性等支出过程而非支出结果。这和具体项目目标缺失和社保政策过于泛化不无关系。当前社保政策目标主要聚焦于扩面和征缴计划、基金的保值增值以及省级统筹管理，这并不能反映支出的细化目标（张岱，2017）。因此，需要在预算管理之中建立政策、绩效和结果之间的关系，并通过绩效信息来促进组织内部的沟通。

第二，我国社保基金采取保险缴费而非税收来进行筹资，管理机构是各级人社部门，虽然人社部门内设有社保基金的行政监督机构，但是，这种内设容易陷入"政府失灵"的困境之中（胡继烨等，2011）。因为在我国社会政策向普惠型政策转型的过程中，参保人数不断攀升，社保基金规模持续扩大。在以前只是经过社保和财政部门内部审批而非参保人自主参与决策的情况下，政府容易违规使用社保资金（如有部分地区政府偿还国债投资等），而社保又是刚性和法定需求，最终结果是加重了政府财政责任和负担。新《预算法》实施之后，对于社保基金的监督力度加大（张岱、赵早早，2019）。但是，由于我国尚未发展出一个成熟的周转性基金（Clarke，2010）且缺乏参保人自治决策和监管机制，人大对社保基金预算的监督还在某种程度上依赖于政府在社保基金预算管理领域的规范程度。因此，存在一个问题的两面，即一方面急需人大对社保基金预算加强监督力度，确保资金安全性；另一方面又需要政府在开展社保基金预算管理时能够更加规范且严格财政纪律，为人大加强监督提供基础（张岱、赵早早，2019）。

第三，在"条线"的框架下，全国统筹尽管由于委托—代理问题降低了基层政府基金征缴积极性，但只要上级政府信息获取能力超过一定临界值，提高统筹层次可以通过地区间风险分担提升全社会福利，实现次优结果（朱恒鹏等，2020）。目前，统筹是非常有必要的，因为社保基金政策是一种再分配政策，需要中央政府承担一定的统筹分配的职能，统筹层次越高基金池抗风险能力越强，真正实现社保体系的共济功能，促进社保服务供给均衡。但是，地方政府财权和事权不匹配的情况下，上级对下级监管对困难，都使得社保基金预算约束软化。在不断向上的统筹过程中，基金收支权力上移会弱化基层管理机构积极性，引发基金监管不力等问题（王宗凡，2019）。在预算管理之中，在建立跨部门、跨地区的数据库的同时，还需要调整现行的"条线"垂直管理体制，使得它能解决基层部门因信息不对称产生的道德风险行为，同时还要解决上级管理部门承诺的动态一致性问题（朱恒鹏、岳阳、林振翮，2020），通过体制的改革来强化社保资金监控和行为控制。但是，这种预算监管机制的加强无疑充满着挑战，也需要其他的社保体系配套改革，特别是财权和事权的清晰界定。

6.3　预算透明

为了便于实施预算管理（不是用于资金监督和审计），需要报告的是整个保险方案的整体财政状况，而不需要一个保险方案单独报告，这点非常重要。而它既需要在政府内部上下级间垂直进行，也需要面向缴费者和收益人水平进行（Clarke，2010），帮助政府和社会都了解社保基金运作成本和未来承诺的规模。我国地方社保基金预算在垂直性报告上做得不错，其收支计划均需层层审核后提交人大审议，同时，也须定期向上级部门报送每个季度的预算执行情况（张发，2017）。但是，在水平性报告方面，地方政府仍然需要努力。《社会保险法》第70条规定，社会保险经办机构应当定期向社会公布参加社会保险情况以及社会保险基金的收入、支出、结余和收益情况。在这个大原则下，多个省市也出台了相关文件，要求政府部门通过报刊、政府网站等方式多渠道定期向社会公开基金运行情况。但是如何公开，公开哪些财务信息并未在这些指导性文件中细致反映（张岌，2017）。对于社保基金隐性债务规模的控制，首先就是应该让政府和公众了解社保基金运作现时和未来的发展趋势和情况，迫使大家都能知道这些政策所能带来的长期后果、运作成本和可能的风险。而目前的公开只有概化的总数据，细化的模块数据，比如每年的增长和受益分布等一系列的情况，还有待公开。由于绩效管理的缺乏，绩效预算信息也没有公布。这样公众和人大很难了解社保基金支出效率并实施监督。实际上，每一次预算改革都是预算透明的尝试（候一麟，2012）。社保基金整体财政状况的公开，有助于公众更好地通过中长期的社保政策和资金的规划以及年度收支数据，了解并理解国家对公众的政治承诺，并形成社会监督，配合各方面的收支政策变化，防范隐性债务风险。

参考文献

Allen, R. , Chaponda, T. , Fisher, L. and Ray, R. (2017). Medium-Term Budget Frameworks in Selected Sub-Saharan African Countries. *IMF working paper*, WP/17/203.

Auerbach, A. J. , Gokhale, J. and Kotlikoff, L. J. (1992). Social Security and Medicaid Policy from the Perspective of Generational Accounting. In J. Poterba, ed. *Tax Policy and the Economy*, 129-145. Cambridge: MIT Press.

Bailey, M. T. (1994). Do Physicists Use Case Study? In White, J. B. and Adams, G. B. eds. *Research in Public Administration: Reflections on Theory and Practice*, 183-196. Thousand Oaks, CA: Sage.

Bates, R. H. , Greif, A. , Levi, M. , Rosenthal, J-L. and Weingast, B. R. (1998). *Analytic Narratives*. Princeton University Press.

Boex, L. F. , Martinez-Vazquez, J. and McNab, R. M. (2000). Multi-year Budgeting: A Review of International Practices and Lessons for Developing and Transitional Economies. *Public Budgeting & Finance*, 20(2): 91-112.

Bouvier, M, Esclassan, M-C. and Lassale, J-P. (2010). *Finances Publiques*. Paris: L. G. D. J.

Burtless, G. (1997). Social Security's Long-term Budget Outlook. *National Tax Journal*, 50(3): 399-412.

Chan, C. K. and Ngok, K. (2016). Workfare in the Undemocratic States: The Case of China. *International Social Work*, 59(4): 479-493.

Chen, L. and Naughton, B. (2016). An Institutionalized Policy-making Mechanism: China's Return to Techno-industrial Policy. *Research Policy*, 45(10): 2138-2152.

Chung, J. H. (2016). China's Local Governance in Perspective: Instruments of Central Government Control. *The China Journal*, 75: 1324-9347.

Clarke, G. (2010). Policy Brief on Budget Management for Social Insurance Funds. Social Security Reform Cooperation Project.

Cook, S., Kabeer, N. and Suwannarat, G. (2003). *Social Protection in Asia*. Delhi: Har-Anand Publications.

Creswell, J. W. (1998). *Qualitative Inquiry and Research Design: Choosing among five Traditions*. Thousand Oaks, Calif.: Sage Publications.

Dean, H. (2002). *Welfare Rights and Social Policy*. Pearson Education Limited.

Elnendorf, D. W., Liebman, J. B., Shapiro, M. D. and Zeldes, S. P. (2000). Social Security Reform and National Saving in an Era of Budget Surpluses. *Brookings Papers on Economic Activity*, 2: 1-71.

Jones-Finer, C. (1993). The Pacific Challenge: Confucian Welfare States. In Catherine Jones, ed. *New Perspectives on the Welfare State in Europe*. London: Routledge.

Galasso, V. and Paola, P. (2004) Lessons for an ageing society: The political sustainability of social security systems. *Economic Policy*,

19(38):64-115.

Hamel, J., Dufour, S. and Fortin, D. (1993). *Case Study Methods*. Newbury Park, CA:Sage.

Hawke, L. and Wanna, J. (2010). Austraial after Budgetary Reform:A Lapsed Pioneer or Decorative Architect. In Wanna, J., Jensen, L. and De Vries, J. eds. *The Reality of Budgetary Reform in OECD Nations:Trajectories and Consequences*. Edward Elgar Publishing Limited.

Jackson, H. E. (2004). Accounting for Social Security and its Reform. *Harvard Journal on Legislation*, 41:59-159.

Johnson, J. B., Richard, A. J. and Reynolds, H. T. (2001). *Political Science Research Methods*, 4th ed. Washington, DC:CQ Press.

Keynes, S. and Tetlow, G. (2014). *Survey of Public Spending in the UK*. London:The Institute for Fiscal Studies.

Li, Y. (2018). Asymmetric Decentralization, Intergovernmental Transfers, and Expenditure Policies of Local Governments. *Frontiers of Economics in China*, 13(2):223-249.

Liberthal, K. (2002). *Governing China:From Revolution through Reform*, Second Edition. New York:W. W. Norton & Company.

Marshall, T. H. (1950). *Citizenship and Social Class*. Cambridge University Press.

Mertha, A. C. (2005). China's "Soft" Centralization:Shifting Tiao/Kuai Authority Relations. *The China Quarterly*, 184:791-810.

Noriyuki, T. and Kitamura, Y. (1999). Lessons from generational accounting in Japan. *American Economic Review*, 89(2):171-175.

OECD (2020). Social Spending. https://data. oecd. org/socialexp/social-spending. htm, https://data. oecd. org/gga/general-government-spending. htm#indicator-chart, https://data. oecd. org/gga/general-government-revenue. htm#indicator-chart.

  Pennacchi, G. G. (2002). Pension Guarantees: A Methodology for Assessing Fiscal Risk. In Brixi, P. H. and Schick, A. *Government at risk*. World Bank and Oxford University Press, 283-310.

  Ran, R. (2013). Perverse Incentive Structure and Policy Implementation Gap in China's Local Environment Politics. *Journal of Environment Policy & Planning*, 15(1), 17-39.

  Robinson, M. (2016). Budget Reform before and after the Global Financial Crisis. *OECD Journal on Budgeting*, 16(12): 47-48.

  Selowsky, M. (1997). Fiscal Deficits and the "Quality" of Fiscal Adjustment. A paper presented at the EU Accession and Sovereign Debt Management Seminar, Brussels, December 15-16.

  Shi, S-J. (2012). Social Policy Learning and Diffusion in China: The Rise of Welfare Regions? *Policy & Politics*, 40(3): 367-385.

  Schick, A. (2002). Budgeting for Fiscal Risks. In Hana Polackova Brixi and Allen Schick eds. *Government at Risk: Contingent Liabilities and Fiscal Risk*. Washington D. C. : The World Bank.

  Wong, C. (2010). Public Sector Reforms Toward Building the Harmonious Society in China. China Economic Research and Advisory Programme: University of Oxford.

  Woods, D., Farrugia, M. and Pirie, M. (2009). The Australian Treasury's Fiscal Aggregate Projection Model. *Economic Round-up*, (3): 37-46.

World Bank(2013). Beyond Annual Budget: Global Experiences with Medium Term Expenditure Framework. *Working Paper Series*.

Yin, R. (1994), *Case Study Research, Design and Methods*, 2nd Edition. Sage Publications, Beverly Hills.

Zhu, X. F. and Zhao, H. (2021). Experimentalist Governance with Interactive Central-local Relations: Making New Pension Policies in China. *Journal of Policy Study*, 49(1): 13-26.

C. V. 布朗, P. M. 杰克逊(2000). 公共部门经济学. 中国人民大学出版社.

Hemmming, R. , Petrie, M. (2003). 评估财政脆弱性框架. 载白海娜, 马骏. 财政风险管理:新理念与国际经验. 中国财政经济出版社, 81-105.

Kharas, H. , Mishra, D. K. (2003). 政府或有负债:影响财政稳定的潜在风险. 载白海娜, 马骏. 财政风险管理:新理念与国际经验. 中国财政经济出版社, 43-80.

白海娜(2003). 政府或有负债:影响财政稳定的潜在风险. 载白海娜, 马骏. 财政风险管理:新理念与国际经验. 中国财政经济出版社, 43-80.

Schick, A. (2003). 引言. 载白海娜, 马骏. 财政风险管理:新理念与国际经验. 中国财政经济出版社, 1-17.

White, J. (2005). 资格授权预算. 载 Meyers, R. T. 公共预算经典——面向绩效的新发展. 上海财经大学出版社, 573-589.

艾斯平-安德森(1999). 福利资本主义的三个世界. 巨流出版社.

卞听韵(2014). 城镇职工基础养老金实行全国统筹的思考.

财政研究,4:52-55.

卜海涛(2010).社保基金进预算 科学管理更规范——财政部社会保障司负责人就社会保险基金预算答记者问.财会研究,2:78-80.

陈文美,陈凤娟(2016).推进社保全国统筹,全面建成小康社会——全国统筹与全面建成小康社会学术研讨会观点综述.当代财经,12:128,135.

陈之曦(2016).城镇化中的人口结构变动和社会保险制度改革——以宁夏为例.宁夏社会科学,1:126-132.

崔晓冬(2010).美国和日本的社会保障预算及启示.中国财政,11:71-72.

邓力平(2018).新时代人大对社会保险基金预算的审查监督.中国人大,6:38-40.

段晓红(2015).公众参与社保基金预算:法理、条件与路径.中南民族大学学报(人文社会科学版),2:13-107.

方敏津(2016).社会保险基金管理现状及其对策研究.人才资源开发,1:172.

付伟,焦长权(2015)."协调型"政权:项目制运作下的乡镇政府.社会学研究,2:98-123.

付明卫,徐文慧(2019).中国基本医疗保险省级统筹的影响因素和经验模式研究.消费经济,5:6-13.

高全胜(2015).美国OASDI年度报告技术解读与启示.社会保障研究,5:102-112.

顾昕(2012).走向公共契约模式——中国新医改中的医保付费改革.经济社会体制比较,4:21-31.

郭瑜,张寅凯(2019a).严征缴能否降低城镇职工养老保险费率? 保险研究,2:101-113.

郭瑜,张寅凯(2019b).城镇职工基本养老保险基金收支平衡与财政负担分析——基于社保"双降"与征费体制的改革.社会保障研究,5:17-29.

何达基,张岌(2012).美国财政挑战以及对中国的启示.公共行政评论,2:100-119.

候一麟,孔卫拿(2012).预算透明:趋势、透明与挑战——美国经验的检视.公共行政评论,6:73-96,171.

胡川宁(2015).社会保险经办机构法律规制的重构——基于团结原则和补充性原则的视角.财经科学,10:46-54.

胡继烨等(2011).社保基金监管立法调研报告.中国政法大学出版社.

胡乃军,Arema,W.,From,P.,Ladaique,M.(2014).经合组织国家社会保障支出比较.中国社会保障,6:38-29.

黄严(2016).法国中期预算规划改革:"政策导向型"预算模式.公共行政评论,6:87-107.

黄振平,胡毅东(2011).河北省建立社会保障预算的探索与实践.地方财政研究,4:21-23.

吉志鹏(2015).中国社会保险基金预算管理研究.财政部财政科学研究所博士论文.

李连芬,刘德伟(2013).我国基本养老保险全国统筹的动力源泉与路径选择.财经科学,11:34-43.

李俊生,姚东旻(2016).中期预算框架研究中术语体系的构建、发展及其在中国应用中的流变.财政研究,1:9-25.

林治芬,段君明,赵丽霞(2003).辽宁省社会保障预算的目标模式与操作设计.辽宁财税,3:22-26.

刘海申(2020).我国地方政府隐性债务风险状况及化解建议.地方财政研究,1:20-23.

刘军强等(2015).医疗费用持续增长机制——基于历史数据和田野资料的分析.中国社会科学,8:104-125,206-207.

刘军强.中国社会保险资金结余七千亿[DB/OL].http://finance.sina.com.cn/hy/20120528/185212163989.shtml,2012年5月28日.

娄宇(2018).论作为社会保险法基本原则的"精算平衡"和"预算平衡".华东政法大学学报,5:170-185.

卢文鹏,尹晨(2004).隐性担保、补偿替代与政府债务——兼论我国的财政风险问题.财贸经济,1:55-61.

吕坚莉(2014).社会保险基金预算管理探析.当代会计,5:22-23.

马海涛,王紫薇,黄然(2020).我国减税降费的政策效果评估——对政府收支的影响及对策分析.经济研究参考,13:5-19.

马骏(2013).中国公共预算面临的最大挑战:财政可持续.国家行政学院学报,5:19-30.

马骏,刘亚平(2005).中国地方政府财政风险研究:"逆向软预算约束"理论的视角.学术研究,11:77-84.

马骏,牛美丽(2007).重构中国公共预算体制:权力与关系——基于地方预算的调研.中国发展观察,2:13-16.

穆怀中(2001).社会保障国际比较.中国劳动社会保障出版社.

牛美丽,崔学昭(2016).英国中期财政规划:公共政策转型下的预算改革.公共行政评论,6:108-126.

潘洪鲁(2015).做好新形势下社保预算基金管理工作的几点思考.山东省人力资源和社会保障,4:21-23.

彭宅文(2009). 社会保障与社会公平:地方政府治理的视角. 中国人民大学学报,2:12-17.

齐海鹏,杨少庆,尹科辉(2016). 我国基础养老金全国统筹障碍分析及方案设计. 地方财政研究,11:26-33.

渠敬东,周飞舟,应星(2009). 从总体支配到技术治理——基于中国30年改革经验的社会学分析. 中国社会科学,6:104-127.

人力资源和社会保障部,社会保险事业管理中心(2012). 社会保险基金预算编制工作手册. 中国劳动社会保障出版社.

任若恩,蒋云赟,徐楠楠等(2004). 中国代际核算体系的建立和对养老保险制度改革的研究. 经济研究,9:118-128.

"山东省社会养老保险基金风险管理机制研究"课题组(2010). 省级社会养老保险基金风险管理机制研究——以山东省为例. 山东社会科学,5:104-108.

申曙光,彭浩然(2009). 中国养老保险隐性债务问题研究. 中山大学出版社.

施兵(2021). 提高社保基金预算管理水平的思考——基于降低社保基金预决算偏离度的视角. 财政监督,15:43-47.

孙黎(2012). 城镇职工基本医疗保险省级统筹的初步探讨. 卫生经济研究,4:33-35.

孙健,王君(2021). 城镇职工基本养老保险基金收支缺口下的财政风险——以"养老金入市"最优化投资组合配置为考察视角. 江汉学术,4:44-53.

孙维(2021). 企业职工基本养老保险全国统筹:"渐进式"改革的困境与对策. 中央财经大学学报,8:15-23.

唐大鹏,常语萱,刘国平等(2019). 预算控制视角下社保基金投资绩效评价指标体系研究.财务研究,4:40-49.

王朝才,张晓云,马洪范等(2016).部分国家中期预算制度.中国财政经济出版社.

王燕,徐滇庆,王直等(2003).中国养老金隐性债务、转轨成本、改革方式及其影响.载白海娜,马骏.财政风险管理:新理念与国际经验.中国财政经济出版社,313-348.

王雨磊(2016).数字下乡:农村精准扶贫中的技术治理.社会学研究,6:119-142.

阿伦·威尔达夫斯基,布莱登·斯瓦德洛(2009).预算与治理.上海财经大学出版.

王宗凡(2019).医保统筹层次并非越高越好.中国社会保障,4:84-84.

武萍(2012).社会养老保险基金运行风险管理存在的问题及对策.中国行政管理,3:57-60.

谢和均(2013).英国社会保障预算管理及对我国的启示.理论观察,9:42-43.

杨超,谢志华(2019).国有资本经营预算与一般公共预算和社会保险基金预算的衔接模式.地方财政研究,10:51-58.

杨涛(2014).山东省社会保险基金预算管理探析.东岳论丛,3:161-165.

游宇,张光,庄玉乙(2016).次国家财政结构与地方治理:一项实证研究.公共行政评论,5:85-110.

岳经纶(2008).社会政策学视野下的中国社会保障制度建设——从社会身份本位到人类需要本位.公共行政评论,4:58-83.

岳经纶(2010).建构"社会中国":中国社会政策的发展与挑

战.探索与争鸣,10:37-42.

张佰瑞(2007).城市化水平预测模型的比较研究——对我国2020年城市化水平的预测.理论界,4:48-51.

张光(2014).预算制度改革与财政的可持续性:新西兰的经验.公共行政评论,3:1-24.

张岿(2014).后危机时代的韩国预算改革:通往财政可持续之路.公共行政评论,3:25-50.

张岿(2017).地方政府社会保险基金预算的模式与挑战——基于440份公开文本资料的分析.甘肃行政学院学报,3:58-67.

张岿,赵早早(2019).我国人大社保基金预算监督制度优化研究.地方财政研究,7:19-25.

张荣芳(2015).基于财务独立的社会保险基金预算.武汉大学学报(哲学社会科学版),3:17-19.

赵早早(2014).澳大利亚政府预算改革与财政可持续.公共行政评论,1:4-22.

郑秉文(2005).社会权利:现代福利国家模式的起源与诠释.山东大学学报(哲学社会科学版),2:1-11.

郑秉文(2007).社保基金违规的制度分析与改革思路.中国人口科学,4:2-15.

郑秉文(2014).社会保险基金投资体制"2011年改革"无果而终的经验教训与前景分析.辽宁大学学报,5:1-19.

郑秉文(2015).从做实账户到名义账户——可持续性与激励性.开发研究,3:1-6.

郑秉文(2016).第三支柱商业养老保险顶层设计:税收的作用及其深远意义.中国人民大学学报,1:2-11.

郑秉文(2019).中国养老金精算报告(2019—2050).中国劳动社会保障出版社.

郑秉文,陈功(2020)."税收楔子"视角下的社保降费:抗击疫情与长远改革.税务研究,4:5-13.

郑秉文,孙永勇(2012).对中国城镇职工基本养老保险现状的反思——半数省份收不抵支的本质、成因与对策.上海大学学报(社会科学版),3:1-16.

郑功成(1997).论社会保险财政问题及其政策取向.中国社会保险,4:4-8.

郑功成(2014).中国社会保障改革:机遇、挑战与取向.国家行政学院学报,6:24-32.

周黎安(2008).转型中的地方政府:官员激励与治理.格致出版社,上海人民出版社.

周雪峰(2016).内蒙古地区社会保险基金收入管理情况的调查.北方金融,6:82-85.

周雪光,练宏(2011).政府内部上下级部门间谈判的一个分析模型——以环境政策实施为例.中国社会科学,5:80-96.

周依群(2019).我国人口结构变动对社会保险支出影响的研究.对外经济贸易大学博士学位论文.

周依群(2020).中国人口结构变动对社会保险支出影响研究.社会保障评论,4:146-159.

朱艾勇,陈中楼(2010).安徽:认真做好社保基金预算编制工作.中国财政,22:76.

朱恒鹏,岳阳,林振翮(2020).统筹层次提高如何影响社保基金收支——委托—代理视角下的经验证据.经济研究,11:101-120.

附 表

附表 1 社保基金预算相关法律、政策、文件和报告一览表

年份	会议通过/发布部门	法律、政策、文件和报告	内容
1993	中国共产党第十四届中央委员会第三次全体会议	《中共中央关于建立社会主义市场经济体制若干问题的决定》	建立政府公共预算和国有资产经营预算，并可以根据需要建立社会保障预算和其他预算
1994	第八届全国人民代表大会第二次会议	《中华人民共和国预算法》	各级政府预算按照复式预算编制
1995	国务院第三十七次常务会议	《中华人民共和国预算法实施条例》（国务院令186号）	复式预算分为政府公共预算、国有资本经营预算、社会保障预算和其他预算
1996	国务院	《国务院关于加强预算外资金管理的决定》（国发〔1996〕29号）	社会保障基金在国家财政建立社会保障预算制度以前，先按预算外资金管理制度进行管理，专款专用，加强财政、审计监督
2005	国务院	《国务院关于2005年深化经济体制改革的意见》（国发〔2005〕9号）	改革和完善非税收入收缴管理制度，逐步实行全口径预算管理
2006	国务院	《国务院批转劳动和社会保障事业发展"十一五"规划纲要的通知》（国发〔2006〕35号）	建立健全社会保险基金预决算制度

续表

年份	会议通过/发布部门	法律、政策、文件和报告	内容
2008	人力资源和社会保障部、财政部、中国人民银行、国家税务总局 监察部、国务院纠风办、全国社会保障基金理事会、审计署、卫生部、证监会	《关于印发社会保险基金专项治理工作方案的通知》	专项治理的范围是：养老保险基金（包括城镇企业职工养老保险基金和机关事业单位养老保险基金）；失业保险基金；医疗保险基金（包括城镇职工基本医疗保险基金和城镇居民基本医疗保险基金）；工伤保险基金；生育保险基金；全国社会保障基金。解决基金征缴、支付和管理中存在的问题
2010	国务院	《关于试行社会保险基金预算的意见》（国发〔2010〕2号）	为加强社会保险基金管理，规范社会保险基金收支行为，明确政府责任，促进经济社会协调发展，国务院决定试行社会保险基金预算
2012	财政部	《关于加强和规范社会保障基金财政专户管理有关问题的通知》（财社〔2012〕3号）	加强和规范社会保障基金财政专户管理
2012	第十一届全国人民代表大会第五次会议	《第十一届全国人民代表大会财政经济委员会关于2011年中央和地方预算执行情况与2012年中央和地方预算草案的审查结果报告》	2013年向全国人大正式提交全国社会保险基金预算
2012	人力资源社会保障部	《人力资源社会保障部关于开展社会保险基金社会监督试点的意见》（人社部发〔2012〕98号）	社会保险基金收入、支出、结余和收益情况，要按规定向社会披露，为公众监督提供信息渠道

续表

年份	会议通过/发布部门	法律、政策、文件和报告	内容
2014	第十二届全国人民代表大会常务委员会第十次会议	《全国人民代表大会常务委员会关于修改〈中华人民共和国预算法〉的决定》(主席令第十二号)	增加一条，作为第五条："预算包括一般公共预算、政府性基金预算、国有资本经营预算、社会保险基金预算。""一般公共预算、政府性基金预算、国有资本经营预算、社会保险基金预算应当保持完整、独立。政府性基金预算、国有资本经营预算、社会保险基金预算应当与一般公共预算相衔接。"

注：1. 法律、政策、文件和报告的内容全为原文引用。

2. 有些文件并非专门针对社保基金预算的文件，如全口径预算，但是它们对社保基金预算具有重要意义。

3. 社保基金涉及范围较广，每个险种均有一系列的相关文件，涉及预算制度和资金分配等，较为分散，难以一一列出。此表仅列出中央有关社保基金预算的指导性文件，各省也据此出台了一系列的法规、政策和实施细则，种类繁多，不另外列出。此外，笔者并未在政府官方网站上找到涉及2014年以后的社保基金预算的总体规范性文件和相关政策、报告，所以，2015—2021年未列入。

资料来源：国务院、财政部、人力资源和社会保障部、全国人大官方网站上的公开政策文件搜集整理。

附表 2 生命概率表

	男				女		
年龄	死亡概率 q_x	存活概率 l_x	预期生存年数 e^x	年龄	死亡概率 q_x	存活概率 l_x	预期生存年数 e^x
0	0.003 73	1	75.62	0	0.003 911	1	80.42
1	0.001 16	0.996 277	74.91	1	0.001 055	0.996 089	79.73
2	0.000 673	0.995 122	73.99	2	0.000 573	0.995 038	78.82
3	0.000 501	0.994 452	73.04	3	0.000 393	0.994 469	77.86
4	0.000 416	0.993 954	72.08	4	0.000 316	0.994 078	76.89
5	0.000 371	0.993 541	71.11	5	0.000 289	0.993 764	75.92

续表

年龄	男 死亡概率 q_x	男 存活概率 l_x	男 预期生存年数 e^x	年龄	女 死亡概率 q_x	女 存活概率 l_x	女 预期生存年数 e^x
6	0.000 371	0.993 173	70.13	6	0.000 255	0.993 477	74.94
7	0.000 346	0.992 804	69.16	7	0.000 212	0.993 223	73.96
8	0.000 343	0.992 46	68.18	8	0.000 212	0.993 013	72.97
9	0.000 349	0.992 12	67.21	9	0.000 202	0.992 803	71.99
10	0.000 369	0.991 774	66.23	10	0.000 229	0.992 602	71
11	0.000 351	0.991 408	65.25	11	0.000 224	0.992 374	70.02
12	0.000 371	0.991 06	64.28	12	0.000 219	0.992 151	69.03
13	0.000 362	0.990 693	63.3	13	0.000 216	0.991 934	68.05
14	0.000 387	0.990 334	62.32	14	0.000 21	0.991 72	67.06
15	0.000 447	0.989 951	61.35	15	0.000 231	0.991 512	66.08
16	0.000 463	0.989 508	60.37	16	0.000 229	0.991 283	65.09
17	0.000 52	0.989 05	59.4	17	0.000 251	0.991 056	64.11
18	0.000 554	0.988 537	58.43	18	0.000 262	0.990 808	63.12
19	0.000 594	0.987 989	57.47	19	0.000 252	0.990 549	62.14
20	0.000 651	0.987 402	56.5	20	0.000 278	0.990 299	61.16
21	0.000 658	0.986 76	55.54	21	0.000 284	0.990 024	60.17
22	0.000 689	0.986 11	54.57	22	0.000 303	0.989 742	59.19
23	0.000 749	0.985 431	53.61	23	0.000 325	0.989 442	58.21
24	0.000 789	0.984 692	52.65	24	0.000 338	0.989 12	57.23
25	0.000 816	0.983 916	51.69	25	0.000 348	0.988 786	56.25
26	0.000 798	0.983 114	50.73	26	0.000 345	0.988 442	55.26
27	0.000 813	0.982 329	49.77	27	0.000 37	0.9 881	54.28
28	0.000 856	0.981 53	48.81	28	0.000 36	0.987 735	53.3
29	0.000 943	0.980 69	47.85	29	0.000 413	0.987 379	52.32
30	0.000 947	0.979 766	46.9	30	0.000 439	0.986 971	51.34

续表

年龄	男 死亡概率 q_x	男 存活概率 l_x	男 预期生存年数 e^x	年龄	女 死亡概率 q_x	女 存活概率 l_x	女 预期生存年数 e^x
31	0.001 053	0.978 838	45.94	31	0.000 475	0.986 538	50.37
32	0.001 113	0.977 807	44.99	32	0.000 485	0.986 069	49.39
33	0.001 145	0.976 718	44.04	33	0.000 496	0.985 59	48.41
34	0.001 274	0.975 599	43.09	34	0.000 598	0.985 101	47.44
35	0.001 418	0.974 356	42.14	35	0.000 619	0.984 512	46.47
36	0.001 452	0.972 974	41.2	36	0.000 657	0.983 903	45.49
37	0.001 548	0.971 562	40.26	37	0.000 699	0.983 257	44.52
38	0.001 637	0.970 058	39.32	38	0.000 749	0.982 569	43.55
39	0.001 836	0.968 47	38.39	39	0.000 82	0.981 833	42.59
40	0.002 034	0.966 691	37.46	40	0.000 961	0.981 028	41.62
41	0.002 099	0.964 725	36.53	41	0.000 982	0.980 085	40.66
42	0.002 464	0.9 627	35.61	42	0.001 152	0.979 123	39.7
43	0.002 565	0.960 328	34.69	43	0.001 182	0.977 995	38.75
44	0.002 769	0.957 864	33.78	44	0.001 323	0.976 839	37.79
45	0.003 099	0.955 212	32.87	45	0.001 49	0.975 546	36.84
46	0.003 174	0.952 251	31.98	46	0.001 506	0.974 093	35.89
47	0.003 38	0.949 229	31.08	47	0.001 64	0.972 626	34.95
48	0.004 18	0.946 021	30.18	48	0.002 009	0.971 03	34
49	0.004 406	0.942 067	29.3	49	0.002 125	0.969 079	33.07
50	0.004 785	0.937 916	28.43	50	0.002 406	0.967 019	32.14
51	0.004 903	0.933 429	27.57	51	0.002 516	0.964 692	31.222
52	0.005 221	0.928 852	26.7	52	0.002 638	0.962 265	30.29
53	0.005 785	0.924 003	25.84	53	0.002 963	0.959 727	29.37
54	0.006 49	0.918 657	24.98	54	0.003 401	0.956 883	28.46
55	0.006 733	0.912 695	24.14	55	0.003 536	0.953 628	27.55

续表

	男				女		
年龄	死亡概率 q_x	存活概率 l_x	预期生存年数 e^x	年龄	死亡概率 q_x	存活概率 l_x	预期生存年数 e^x
56	0.007 33	0.906 55	23.3	56	0.003 868	0.950 256	26.65
57	0.007 89	0.899 904	22.47	57	0.004 222	0.946 58	25.75
58	0.008 826	0.892 804	21.65	58	0.004 719	0.942 584	24.86
59	0.009 845	0.884 924	20.83	59	0.005 383	0.938 136	23.97
60	0.010 807	0.876 212	20.04	60	0.006 066	0.933 086	23.1
61	0.011 884	0.866 743	19.25	61	0.006 682	0.927 426	22.24
62	0.013 017	0.856 443	18.47	62	0.007 524	0.921 229	21.39
63	0.013 892	0.845 294	17.71	63	0.008 125	0.914 298	20.54
64	0.016 206	0.833 552	16.95	64	0.009 592	0.906 869	19.71
65	0.017 501	0.820 043	16.22	65	0.010 618	0.898 171	18.89
66	0.018 137	0.805 691	15.5	66	0.011 006	0.888 634	18.09
67	0.021 056	0.791 079	14.78	67	0.012 98	0.878 854	17.29
68	0.022 752	0.774 422	14.09	68	0.014 098	0.867 446	16.51
69	0.026 535	0.756 802	13.4	69	0.016 677	0.855 217	15.74
70	0.030 792	0.736 72	12.75	70	0.019 633	0.840 954	14.99
71	0.031 776	0.714 035	12.14	71	0.020 924	0.824 443	14.28
72	0.036 614	0.691 346	11.53	72	0.024 264	0.807 193	13.58
73	0.039 661	0.666 033	10.94	73	0.026 542	0.787 607	12.9
74	0.044 332	0.639 618	10.38	74	0.029 594	0.766 703	12.24
75	0.049 24	0.611 262	9.83	75	0.032 758	0.744 013	11.6
76	0.049 282	0.581 163	9.32	76	0.033 924	0.719 641	10.97
77	0.059 19	0.552 523	8.77	77	0.041 117	0.695 228	10.34
78	0.064 739	0.519 819	8.29	78	0.045 642	0.666 643	9.76
79	0.070 582	0.584 166	7.83	79	0.051 118	0.636 216	9.21
80	0.083 571	0.451 852	7.39	80	0.061 432	0.603 694	8.68

续表

年龄	男 死亡概率 q_x	存活概率 l_x	预期生存年数 e^x	年龄	女 死亡概率 q_x	存活概率 l_x	预期生存年数 e^x
81	0.087 138	0.414 09	7.02	81	0.065 041	0.566 607	8.21
82	0.094 891	0.378 007	6.64	82	0.072 193	0.529 755	7.75
83	0.102 691	0.342 137	6.29	83	0.078 992	0.491 51	7.31
84	0.113 382	0.307 003	5.95	84	0.087 585	0.452 685	6.9
85	0.121 192	0.272 194	5.64	85	0.093 878	0.413 037	6.51
86	0.129 381	0.239 207	5.35	86	0.100 784	0.374 262	6.13
87	0.138 827	0.208 258	5.08	87	0.111 245	0.336 542	5.77
88	0.151 205	0.179 346	4.81	88	0.123 849	0.299 104	5.42
89	0.165 168	0.152 228	4.58	89	0.133 582	0.262 06	5.12
90	0.183 117	0.127 085	4.39	90	0.150 03	0.227 053	4.83
91	0.186 625	0.103 813	4.26	91	0.160 017	0.192 989	4.6
92	0.200 572	0.084 439	4.12	92	0.1 743	0.162 107	4.38
93	0.199 643	0.067 503	4.03	93	0.181 376	0.133 852	4.2
94	0.199 009	0.054 027	3.91	94	0.183 713	0.109 574	4.02
95	0.201 773	0.043 275	3.76	95	0.195 511	0.089 444	3.81
96	0.198 28	0.034 543	3.59	96	0.198 277	0.071 957	3.61
97	0.171 159	0.027 694	3.35	97	0.192	0.057 689	3.38
98	0.164 249	0.022 954	2.94	98	0.187 255	0.046 613	3.06
99	0.225 165	0.019 184	2.41	99	0.227 998	0.037 885	2.66
100	1	0.014 864	1.97	100	1	0.029 247	2.29

附表3 19—35岁"新人"的分性别分年龄人口分布

年份	年龄	男/人	女/人	年份	年龄	男/人	女/人
2011	19	1 772 038	1 651 984	2049	19	8 790 884	8 195 310
2011	20	2 291 074	2 209 720	2049	20	11 365 764	10 962 173

续表

年份	年龄	男/人	女/人	年份	年龄	男/人	女/人
2011	21	2 203 091	2 117 337	2049	21	10 929 286	10 503 873
2011	22	2 009 306	1 913 344	2049	22	9 967 940	9 491 888
2011	23	2 059 472	1 995 362	2049	23	10 216 810	9 898 770
2011	24	1 793 028	1 792 205	2049	24	8 895 013	8 890 930
2011	25	1 584 075	1 581 607	2049	25	7 858 419	7 846 177
2011	26	1 579 068	1 594 827	2049	26	7 833 581	7 911 759
2011	27	1 601 204	1 621 953	2049	27	7 943 396	8 046 326
2011	28	1 855 882	1 882 957	2049	28	9 206 825	9 341 141
2011	29	1 624 316	1 621 103	2049	29	8 058 050	8 042 109
2011	30	1 576 351	1 539 553	2049	30	7 820 103	7 637 552
2011	31	1 687 774	1 634 447	2049	31	8 372 857	8 108 307
2011	32	1 642 561	1 596 668	2049	32	8 148 562	7 920 893
2011	33	1 534 154	1 477 386	2049	33	7 610 769	7 329 147
2011	34	1 735 048	1 643 355	2049	34	8 607 381	8 152 501
2011	35	1 757 381	1 668 464	2049	35	8 718 172	8 277 062
2012	19	975 497	909 408	2050	19	5 089 937	4 745 099
2012	20	1 261 224	1 216 438	2050	20	6 580 797	6 347 117
2012	21	1 212 789	1 165 582	2050	21	6 328 076	6 081 761
2012	22	1 106 111	1 053 285	2050	22	5 771 455	5 495 820
2012	23	1 133 728	1 098 436	2050	23	5 915 551	5 731 405
2012	24	987 052	986 599	2050	24	5 150 228	5 147 864
2012	25	872 024	870 666	2050	25	4 550 038	4 542 950
2012	26	869 268	877 943	2050	26	4 535 657	4 580 923
2012	27	881 454	892 876	2050	27	4 599 240	4 658 837
2012	28	1 021 653	1 036 557	2050	28	5 330 768	5 408 537
2012	29	894 177	892 408	2050	29	4 665 625	4 656 395

续表

年份	年龄	男/人	女/人	年份	年龄	男/人	女/人
2012	30	867 773	847 515	2050	30	4 527 854	4 422 156
2012	31	929 110	899 754	2050	31	4 847 899	4 694 724
2012	32	904 221	878 957	2050	32	4 718 032	4 586 211
2012	33	844 543	813 293	2050	33	4 406 649	4 243 589
2012	34	955 134	904 658	2050	34	4 983 689	4 720 312
2012	35	967 429	918 480	2050	35	5 047 837	4 792 433
2013	19	2 613 098	2 436 064	2051	19	8 845 004	8 245 763
2013	20	3 378 484	3 258 516	2051	20	11 435 735	11 029 659
2013	21	3 248 740	3 122 286	2051	21	10 996 571	10 568 538
2013	22	2 962 979	2 821 472	2051	22	10 029 306	9 550 323
2013	23	3 036 956	2 942 418	2051	23	10 279 707	9 959 710
2013	24	2 644 051	2 642 837	2051	24	8 949 773	8 945 665
2013	25	2 335 922	2 332 283	2051	25	7 906 798	7 894 480
2013	26	2 328 539	2 351 778	2051	26	7 881 807	7 960 467
2013	27	2 361 182	2 391 778	2051	27	7 992 298	8 095 861
2013	28	2 736 737	2 776 663	2051	28	9 263 505	9 398 648
2013	29	2 395 263	2 390 524	2051	29	8 107 658	8 091 619
2013	30	2 324 533	2 270 269	2051	30	7 868 246	7 684 571
2013	31	2 488 839	2 410 202	2051	31	8 424 403	8 158 224
2013	32	2 422 168	2 354 493	2051	32	8 198 727	7 969 657
2013	33	2 262 308	2 178 596	2051	33	7 657 623	7 374 267
2013	34	2 558 552	2 423 338	2051	34	8 660 371	8 202 691
2013	35	2 591 485	2 460 364	2051	35	8 771 844	8 328 018
2014	19	1 679 528	1 565 741	2052	19	5 134 498	4 786 640
2014	20	2 171 467	2 094 360	2052	20	6 638 409	6 402 684

续表

年份	年龄	男/人	女/人	年份	年龄	男/人	女/人
2014	21	2 088 077	2 006 800	2052	21	6 383 476	6 135 004
2014	22	1 904 408	1 813 457	2052	22	5 821 982	5 543 933
2014	23	1 951 956	1 891 193	2052	23	5 967 339	5 781 581
2014	24	1 699 422	1 698 642	2052	24	5 195 316	5 192 931
2014	25	1 501 377	1 499 038	2052	25	4 589 872	4 582 722
2014	26	1 496 632	1 511 568	2052	26	4 575 365	4 621 027
2014	27	1 517 612	1 537 277	2052	27	4 639 505	4 699 623
2014	28	1 758 995	1 784 656	2052	28	5 377 437	5 455 886
2014	29	1 539 517	1 536 472	2052	29	4 706 471	4 697 160
2014	30	1 494 057	1 459 180	2052	30	4 567 493	4 460 870
2014	31	1 599 662	1 549 119	2052	31	4 890 340	4 735 824
2014	32	1 556 810	1 513 313	2052	32	4 759 336	4 626 361
2014	33	1 454 063	1 400 258	2052	33	4 445 227	4 280 740
2014	34	1 644 469	1 557 563	2052	34	5 027 319	4 761 637
2014	35	1 665 636	1 581 360	2052	35	5 092 029	4 834 389
2015	19	3 396 668	3 166 547	2053	19	8 878 146	8 276 660
2015	20	4 391 564	4 235 622	2053	20	11 478 585	11 070 987
2015	21	4 222 915	4 058 542	2053	21	11 037 774	10 608 138
2015	22	3 851 465	3 667 525	2053	22	10 066 886	9 586 108
2015	23	3 947 625	3 824 739	2053	23	10 318 225	9 997 029
2015	24	3 436 902	3 435 324	2053	24	8 983 308	8 979 184
2015	25	3 036 377	3 031 647	2053	25	7 936 424	7 924 061
2015	26	3 026 780	3 056 987	2053	26	7 911 340	7 990 294
2015	27	3 069 211	3 108 982	2053	27	8 022 245	8 126 196
2015	28	3 557 381	3 609 279	2053	28	9 298 216	9 433 864
2015	29	3 113 512	3 107 352	2053	29	8 138 037	8 121 938

续表

年份	年龄	男/人	女/人	年份	年龄	男/人	女/人
2015	30	3 021 573	2 951 037	2053	30	7 897 729	7 713 365
2015	31	3 235 148	3 132 930	2053	31	8 455 969	8 188 793
2015	32	3 148 484	3 060 516	2053	32	8 229 448	7 999 519
2015	33	2 940 689	2 831 874	2053	33	7 686 316	7 401 899
2015	34	3 325 765	3 150 006	2053	34	8 692 821	8 233 426
2015	35	3 368 573	3 198 135	2053	35	8 804 712	8 359 223
2016	19	2 694 744	2 512 177	2054	19	5 158 875	4 809 366
2016	20	1 261 224	1 216 438	2054	20	6 669 927	6 433 082
2016	21	1 212 789	1 165 582	2054	21	6 413 783	6 164 132
2016	22	1 106 111	1 053 285	2054	22	5 849 623	5 570 255
2016	23	1 133 728	1 098 436	2054	23	5 995 671	5 809 031
2016	24	987 052	986 599	2054	24	5 219 982	5 217 586
2016	25	872 024	870 666	2054	25	4 611 664	4 604 479
2016	26	869 268	877 943	2054	26	4 597 088	4 642 966
2016	27	881 454	892 876	2054	27	4 661 532	4 721 936
2016	28	1 021 653	1 036 557	2054	28	5 402 968	5 481 790
2016	29	894 177	892 408	2054	29	4 728 816	4 719 461
2016	30	867 773	847 515	2054	30	4 589 179	4 482 049
2016	31	929 110	899 754	2054	31	4 913 558	4 758 309
2016	32	904 221	878 957	2054	32	4 781 932	4 648 326
2016	33	844 543	813 293	2054	33	4 466 332	4 301 064
2016	34	955 134	904 658	2054	34	5 051 188	4 784 244
2016	35	967 429	918 480	2054	35	5 116 205	4 857 342
2017	19	4 338 807	4 044 857	2055	19	8 892 837	8 290 356
2017	20	5 609 659	5 410 463	2055	20	11 497 579	11 089 307

续表

年份	年龄	男/人	女/人	年份	年龄	男/人	女/人
2017	21	5 394 232	5 184 266	2055	21	11 056 039	10 625 692
2017	22	4 919 752	4 684 793	2055	22	10 083 544	9 601 970
2017	23	5 042 583	4 885 613	2055	23	10 335 299	10 013 571
2017	24	4 390 201	4 388 185	2055	24	8 998 173	8 994 042
2017	25	3 878 582	3 872 540	2055	25	7 949 557	7 937 173
2017	26	3 866 323	3 904 909	2055	26	7 924 431	8 003 516
2017	27	3 920 523	3 971 325	2055	27	8 035 520	8 139 643
2017	28	4 544 098	4 610 391	2055	28	9 313 602	9 449 475
2017	29	3 977 112	3 969 244	2055	29	8 151 504	8 135 377
2017	30	3 859 671	3 769 571	2055	30	7 910 797	7 726 128
2017	31	4 132 487	4 001 916	2055	31	8 469 961	8 202 343
2017	32	4 021 784	3 909 417	2055	32	8 243 065	8 012 756
2017	33	3 756 352	3 617 356	2055	33	7 699 035	7 414 147
2017	34	4 248 238	4 023 728	2055	34	8 707 205	8 247 050
2017	35	4 302 920	4 085 206	2055	35	8 819 281	8 373 055
2018	19	3 402 611	3 172 088	2056	19	5 165 166	4 815 231
2018	20	4 399 248	4 243 033	2056	20	6 678 061	6 440 927
2018	21	4 230 304	4 065 643	2056	21	6 421 604	6 171 649
2018	22	3 858 204	3 673 943	2056	22	5 856 757	5 577 047
2018	23	3 954 532	3 831 431	2056	23	6 002 982	5 816 115
2018	24	3 442 916	3 441 335	2056	24	5 226 348	5 223 949
2018	25	3 041 690	3 036 952	2056	25	4 617 288	4 610 094
2018	26	3 032 076	3 062 336	2056	26	4 602 694	4 648 628
2018	27	3 074 582	3 114 422	2056	27	4 667 217	4 727 694
2018	28	3 563 606	3 615 595	2056	28	5 409 556	5 488 475
2018	29	3 118 960	3 112 790	2056	29	4 734 583	4 725 216

续表

年份	年龄	男/人	女/人	年份	年龄	男/人	女/人
2018	30	3 026 860	2 956 201	2056	30	4 594 775	4 487 515
2018	31	3 240 809	3 138 412	2056	31	4 919 550	4 764 111
2018	32	3 153 993	3 065 872	2056	32	4 787 764	4 653 995
2018	33	2 945 834	2 836 829	2056	33	4 471 778	4 306 309
2018	34	3 331 585	3 155 518	2056	34	5 057 347	4 790 078
2018	35	3 374 467	3 203 731	2056	35	5 122 444	4 863 265
2019	19	5 030 796	4 689 964	2057	19	8 892 164	8 289 728
2019	20	6 504 333	6 273 368	2057	20	11 496 709	11 088 468
2019	21	6 254 548	6 011 095	2057	21	11 055 202	10 624 888
2019	22	5 704 395	5 431 962	2057	22	10 082 781	9 601 243
2019	23	5 846 816	5 664 810	2057	23	10 334 517	10 012 813
2019	24	5 090 386	5 088 049	2057	24	8 997 492	8 993 362
2019	25	4 497 170	4 490 164	2057	25	7 948 955	7 936 572
2019	26	4 482 956	4 527 695	2057	26	7 923 832	8 002 910
2019	27	4 545 800	4 604 704	2057	27	8 034 912	8 139 027
2019	28	5 268 828	5 345 694	2057	28	9 312 897	9 448 760
2019	29	4 611 414	4 602 291	2057	29	8 150 887	8 134 762
2019	30	4 475 243	4 370 774	2057	30	7 910 198	7 725 544
2019	31	4 791 570	4 640 174	2057	31	8 469 320	8 201 722
2019	32	4 663 211	4 532 922	2057	32	8 242 441	8 012 149
2019	33	4 355 446	4 194 281	2057	33	7 698 452	7 413 586
2019	34	4 925 782	4 665 466	2057	34	8 706 547	8 246 426
2019	35	4 989 185	4 736 749	2057	35	8 818 614	8 372 421
2020	19	1 470 771	1 371 127	2058	19	5 155 375	4 806 104
2020	20	1 901 564	1 834 041	2058	20	6 665 402	6 428 718

续表

年份	年龄	男/人	女/人	年份	年龄	男/人	女/人
2020	21	1 828 539	1 757 364	2058	21	6 409 432	6 159 950
2020	22	1 667 699	1 588 053	2058	22	5 845 655	5 566 476
2020	23	1 709 337	1 656 127	2058	23	5 991 603	5 805 090
2020	24	1 488 192	1 487 509	2058	24	5 216 441	5 214 046
2020	25	1 314 763	1 312 715	2058	25	4 608 535	4 601 356
2020	26	1 310 608	1 323 687	2058	26	4 593 969	4 639 816
2020	27	1 328 980	1 346 201	2058	27	4 658 369	4 718 732
2020	28	1 540 360	1 562 832	2058	28	5 399 302	5 478 071
2020	29	1 348 163	1 345 496	2058	29	4 725 608	4 716 259
2020	30	1 308 353	1 277 811	2058	30	4 586 065	4 479 009
2020	31	1 400 832	1 356 571	2058	31	4 910 225	4 755 081
2020	32	1 363 306	1 325 215	2058	32	4 778 688	4 645 173
2020	33	1 273 330	1 226 213	2058	33	4 463 302	4 298 146
2020	34	1 440 069	1 363 965	2058	34	5 047 761	4 780 998
2020	35	1 458 605	1 384 805	2058	35	5 112 733	4 854 046
2021	19	5 413 219	5 046 479	2059	19	8 874 561	8 273 318
2021	20	6 998 769	6 750 247	2059	20	11 473 950	11 066 517
2021	21	6 729 997	6 468 037	2059	21	11 033 317	10 603 855
2021	22	6 138 022	5 844 880	2059	22	10 062 821	9 582 236
2021	23	6 291 270	6 095 429	2059	23	10 314 059	9 992 992
2021	24	5 477 339	5 474 825	2059	24	8 979 680	8 975 558
2021	25	4 839 029	4 831 490	2059	25	7 933 220	7 920 861
2021	26	4 823 734	4 871 875	2059	26	7 908 145	7 987 068
2021	27	4 891 356	4 954 737	2059	27	8 019 006	8 122 915
2021	28	5 669 346	5 752 054	2059	28	9 294 461	9 430 055
2021	29	4 961 957	4 952 141	2059	29	8 134 751	8 118 658

续表

年份	年龄	男/人	女/人	年份	年龄	男/人	女/人
2021	30	4 815 435	4 703 024	2059	30	7 894 539	7 710 250
2021	31	5 155 807	4 992 904	2059	31	8 452 554	8 185 486
2021	32	5 017 692	4 877 499	2059	32	8 226 124	7 996 288
2021	33	4 686 532	4 513 116	2059	33	7 683 212	7 398 910
2021	34	5 300 222	5 020 118	2059	34	8 689 311	8 230 101
2021	35	5 368 445	5 096 819	2059	35	8 801 156	8 355 847
2022	19	1 843 861	1 718 941	2060	19	5 133 513	4 785 723
2022	20	2 383 934	2 299 282	2060	20	6 637 136	6 401 456
2022	21	2 292 384	2 203 155	2060	21	6 382 251	6 133 828
2022	22	2 090 745	1 990 894	2060	22	5 820 865	5 542 870
2022	23	2 142 944	2 076 236	2060	23	5 966 194	5 780 472
2022	24	1 865 702	1 864 845	2060	24	5 194 320	5 191 935
2022	25	1 648 279	1 645 711	2060	25	4 588 992	4 581 843
2022	26	1 643 069	1 659 467	2060	26	4 574 488	4 620 140
2022	27	1 666 103	1 687 692	2060	27	4 638 615	4 698 722
2022	28	1 931 103	1 959 275	2060	28	5 376 405	5 454 840
2022	29	1 690 151	1 686 808	2060	29	4 705 568	4 696 259
2022	30	1 640 243	1 601 953	2060	30	4 566 617	4 460 015
2022	31	1 756 181	1 700 692	2060	31	4 889 402	4 734 916
2022	32	1 709 136	1 661 383	2060	32	4 758 423	4 625 474
2022	33	1 596 335	1 537 266	2060	33	4 444 374	4 279 919
2022	34	1 805 372	1 709 962	2060	34	5 026 355	4 760 724
2022	35	1 828 610	1 736 088	2060	35	5 091 052	4 833 462
2023	19	5 793 654	5 401 139	2061	19	8 844 230	8 245 043
2023	20	7 490 634	7 224 647	2061	20	11 434 736	11 028 695

续表

年份	年龄	男/人	女/人	年份	年龄	男/人	女/人
2023	21	7 202 973	6 922 603	2061	21	10 995 609	10 567 614
2023	22	6 569 395	6 255 652	2061	22	10 028 429	9 549 488
2023	23	6 733 413	6 523 808	2061	23	10 278 809	9 958 839
2023	24	5 862 280	5 859 589	2061	24	8 948 991	8 944 883
2023	25	5 179 110	5 171 042	2061	25	7 906 107	7 893 790
2023	26	5 162 741	5 214 264	2061	26	7 881 118	7 959 771
2023	27	5 235 114	5 302 950	2061	27	7 991 599	8 095 154
2023	28	6 067 781	6 156 301	2061	28	9 262 696	9 397 826
2023	29	5 310 678	5 300 171	2061	29	8 106 949	8 090 911
2023	30	5 153 858	5 033 547	2061	30	7 867 559	7 683 899
2023	31	5 518 151	5 343 799	2061	31	8 423 666	8 157 511
2023	32	5 370 330	5 220 284	2061	32	8 198 010	7 968 960
2023	33	5 015 896	4 830 292	2061	33	7 656 954	7 373 623
2023	34	5 672 715	5 372 926	2061	34	8 659 614	8 201 974
2023	35	5 745 732	5 455 018	2061	35	8 771 077	8 327 290
2024	19	2 216 981	2 066 783	2062	19	5 101 705	4 756 069
2024	20	2 866 342	2 764 560	2062	20	6 596 012	6 361 791
2024	21	2 756 266	2 648 981	2062	21	6 342 706	6 095 821
2024	22	2 513 824	2 393 767	2062	22	5 784 798	5 508 525
2024	23	2 576 586	2 496 379	2062	23	5 929 227	5 744 656
2024	24	2 243 241	2 242 211	2062	24	5 162 135	5 159 765
2024	25	1 981 822	1 978 734	2062	25	4 560 558	4 553 453
2024	26	1 975 558	1 995 274	2062	26	4 546 143	4 591 513
2024	27	2 003 252	2 029 210	2062	27	4 609 873	4 669 608
2024	28	2 321 877	2 355 750	2062	28	5 343 092	5 421 041
2024	29	2 032 167	2 028 147	2062	29	4 676 412	4 667 160

续表

年份	年龄	男/人	女/人	年份	年龄	男/人	女/人
2024	30	1 972 159	1 926 121	2062	30	4 538 322	4 432 380
2024	31	2 111 558	2 044 841	2062	31	4 859 107	4 705 578
2024	32	2 054 993	1 997 577	2062	32	4 728 939	4 596 814
2024	33	1 919 366	1 848 344	2062	33	4 416 836	4 253 400
2024	34	2 170 703	2 055 986	2062	34	4 995 211	4 731 225
2024	35	2 198 643	2 087 399	2062	35	5 059 507	4 803 513
2025	19	6 165 228	5 747 540	2063	19	8 803 473	8 207 046
2025	20	7 971 045	7 687 998	2063	20	11 382 040	10 977 871
2025	21	7 664 934	7 366 583	2063	21	10 944 937	10 518 915
2025	22	6 990 722	6 656 857	2063	22	9 982 215	9 505 480
2025	23	7 165 259	6 942 212	2063	23	10 231 440	9 912 945
2025	24	6 238 256	6 235 392	2063	24	8 907 751	8 903 662
2025	25	5 511 271	5 502 686	2063	25	7 869 672	7 857 413
2025	26	5 493 852	5 548 680	2063	26	7 844 799	7 923 089
2025	27	5 570 868	5 643 054	2063	27	7 954 771	8 057 848
2025	28	6 456 937	6 551 135	2063	28	9 220 010	9 354 518
2025	29	5 651 277	5 640 097	2063	29	8 069 590	8 053 626
2025	30	5 484 400	5 356 373	2063	30	7 831 302	7 648 489
2025	31	5 872 057	5 686 523	2063	31	8 384 847	8 119 918
2025	32	5 714 755	5 555 086	2063	32	8 160 231	7 932 236
2025	33	5 337 589	5 140 082	2063	33	7 621 668	7 339 642
2025	34	6 036 534	5 717 517	2063	34	8 619 707	8 164 176
2025	35	6 114 234	5 804 874	2063	35	8 730 657	8 288 915
2026	19	2 582 057	2 407 125	2064	19	5 049 711	4 707 598
2026	20	3 338 350	3 219 808	2064	20	6 528 788	6 296 955

续表

年份	年龄	男/人	女/人	年份	年龄	男/人	女/人
2026	21	3 210 148	3 085 196	2064	21	6 278 064	6 033 696
2026	22	2 927 782	2 787 956	2064	22	5 725 842	5 452 385
2026	23	3 000 880	2 907 465	2064	23	5 868 799	5 686 109
2026	24	2 612 642	2 611 442	2064	24	5 109 525	5 107 180
2026	25	2 308 173	2 304 578	2064	25	4 514 079	4 507 046
2026	26	2 300 878	2 323 841	2064	26	4 499 811	4 544 719
2026	27	2 333 133	2 363 365	2064	27	4 562 892	4 622 017
2026	28	2 704 227	2 743 678	2064	28	5 288 638	5 365 792
2026	29	2 366 809	2 362 127	2064	29	4 628 752	4 619 595
2026	30	2 296 919	2 243 300	2064	30	4 492 069	4 387 207
2026	31	2 459 274	2 381 570	2064	31	4 809 585	4 657 621
2026	32	2 393 394	2 326 523	2064	32	4 680 744	4 549 965
2026	33	2 235 434	2 152 716	2064	33	4 371 822	4 210 051
2026	34	2 528 159	2 394 551	2064	34	4 944 302	4 683 007
2026	35	2 560 700	2 431 137	2064	35	5 007 943	4 754 558
2027	19	6 527 604	6 085 365	2065	19	8 748 663	8 155 949
2027	20	8 439 561	8 139 877	2065	20	11 311 176	10 909 523
2027	21	8 115 458	7 799 570	2065	21	10 876 794	10 453 424
2027	22	7 401 618	7 048 128	2065	22	9 920 066	9 446 299
2027	23	7 586 414	7 350 256	2065	23	10 167 740	9 851 227
2027	24	6 604 924	6 601 892	2065	24	8 852 291	8 848 228
2027	25	5 835 209	5 826 118	2065	25	7 820 676	7 808 492
2027	26	5 816 766	5 874 816	2065	26	7 795 958	7 873 760
2027	27	5 898 308	5 974 737	2065	27	7 905 245	8 007 680
2027	28	6 836 458	6 936 193	2065	28	9 162 606	9 296 277
2027	29	5 983 444	5 971 606	2065	29	8 019 348	8 003 484

续表

年份	年龄	男/人	女/人	年份	年龄	男/人	女/人
2027	30	5 806 758	5 671 206	2065	30	7 782 544	7 600 870
2027	31	6 217 201	6 020 761	2065	31	8 332 643	8 069 364
2027	32	6 050 652	5 881 598	2065	32	8 109 426	7 882 850
2027	33	5 651 318	5 442 202	2065	33	7 574 215	7 293 946
2027	34	6 391 345	6 053 577	2065	34	8 566 041	8 113 346
2027	35	6 473 612	6 146 069	2065	35	8 676 300	8 237 308
2028	19	2 937 830	2 738 795	2066	19	4 989 403	4 651 375
2028	20	3 798 331	3 663 455	2066	20	6 450 816	6 221 751
2028	21	3 652 464	3 510 295	2066	21	6 203 086	5 961 636
2028	22	3 331 191	3 172 099	2066	22	5 657 459	5 387 268
2028	23	3 414 361	3 308 075	2066	23	5 798 709	5 618 200
2028	24	2 972 629	2 971 265	2066	24	5 048 502	5 046 185
2028	25	2 626 209	2 622 118	2066	25	4 460 167	4 453 219
2028	26	2 617 909	2 644 035	2066	26	4 446 070	4 490 442
2028	27	2 654 608	2 689 006	2066	27	4 508 398	4 566 817
2028	28	3 076 834	3 121 721	2066	28	5 225 476	5 301 709
2028	29	2 692 924	2 687 597	2066	29	4 573 471	4 564 424
2028	30	2 613 405	2 552 398	2066	30	4 438 421	4 334 811
2028	31	2 798 130	2 709 719	2066	31	4 752 145	4 601 995
2028	32	2 723 172	2 647 088	2066	32	4 624 843	4 495 626
2028	33	2 543 447	2 449 332	2066	33	4 319 610	4 159 771
2028	34	2 876 505	2 724 489	2066	34	4 885 253	4 627 078
2028	35	2 913 531	2 766 116	2066	35	4 948 134	4 697 775
2029	19	6 854 785	6 390 380	2067	19	8 681 965	8 093 770
2029	20	8 862 575	8 547 870	2067	20	11 224 942	10 826 351

续表

年份	年龄	男/人	女/人	年份	年龄	男/人	女/人
2029	21	8 522 227	8 190 506	2067	21	10 793 872	10 373 729
2029	22	7 772 607	7 401 400	2067	22	9 844 437	9 374 283
2029	23	7 966 665	7 718 671	2067	23	10 090 223	9 776 123
2029	24	6 935 980	6 932 796	2067	24	8 784 803	8 780 771
2029	25	6 127 685	6 118 139	2067	25	7 761 053	7 748 962
2029	26	6 108 318	6 169 278	2067	26	7 736 523	7 813 732
2029	27	6 193 947	6 274 208	2067	27	7 844 977	7 946 631
2029	28	7 179 119	7 283 853	2067	28	9 092 752	9 225 403
2029	29	6 283 350	6 270 920	2067	29	7 958 211	7 942 467
2029	30	6 097 808	5 955 462	2067	30	7 723 212	7 542 922
2029	31	6 528 824	6 322 538	2067	31	8 269 116	8 007 844
2029	32	6 353 927	6 176 400	2067	32	8 047 601	7 822 753
2029	33	5 934 578	5 714 980	2067	33	7 516 471	7 238 338
2029	34	6 711 697	6 356 999	2067	34	8 500 735	8 051 491
2029	35	6 798 087	6 454 126	2067	35	8 610 153	8 174 508
2030	19	3 247 920	3 027 877	2068	19	4 921 826	4 588 377
2030	20	4 199 247	4 050 135	2068	20	6 363 445	6 137 483
2030	21	4 037 984	3 880 809	2068	21	6 119 071	5 880 891
2030	22	3 682 801	3 506 916	2068	22	5 580 834	5 314 302
2030	23	3 774 749	3 657 245	2068	23	5 720 171	5 542 107
2030	24	3 286 392	3 284 884	2068	24	4 980 125	4 977 839
2030	25	2 903 407	2 898 884	2068	25	4 399 759	4 392 904
2030	26	2 894 231	2 923 115	2068	26	4 385 853	4 429 623
2030	27	2 934 804	2 972 832	2068	27	4 447 335	4 504 964
2030	28	3 401 596	3 451 221	2068	28	5 154 702	5 229 903
2030	29	2 977 164	2 971 274	2068	29	4 511 528	4 502 603

续表

年份	年龄	男/人	女/人	年份	年龄	男/人	女/人
2030	30	2 889 251	2 821 805	2068	30	4 378 307	4 276 100
2030	31	3 093 474	2 995 732	2068	31	4 687 781	4 539 665
2030	32	3 010 605	2 926 489	2068	32	4 562 203	4 434 737
2030	33	2 811 910	2 707 860	2068	33	4 261 105	4 103 431
2030	34	3 180 123	3 012 061	2068	34	4 819 086	4 564 409
2030	35	3 221 056	3 058 081	2068	35	4 881 116	4 634 148
2031	19	7 158 115	6 673 160	2069	19	8 605 252	8 022 255
2031	20	9 254 751	8 926 121	2069	20	11 125 760	10 730 691
2031	21	8 899 342	8 552 943	2069	21	10 698 499	10 282 069
2031	22	8 116 551	7 728 918	2069	22	9 757 454	9 291 453
2031	23	8 319 197	8 060 228	2069	23	10 001 068	9 689 744
2031	24	7 242 903	7 239 579	2069	24	8 707 182	8 703 185
2031	25	6 398 840	6 388 872	2069	25	7 692 477	7 680 494
2031	26	6 378 616	6 442 274	2069	26	7 668 164	7 744 692
2031	27	6 468 034	6 551 847	2069	27	7 775 660	7 876 416
2031	28	7 496 802	7 606 170	2069	28	9 012 410	9 143 890
2031	29	6 561 393	6 548 413	2069	29	7 887 893	7 872 289
2031	30	6 367 641	6 218 996	2069	30	7 654 971	7 476 274
2031	31	6 817 730	6 602 316	2069	31	8 196 052	7 937 089
2031	32	6 635 094	6 449 711	2069	32	7 976 494	7 753 632
2031	33	6 197 188	5 967 872	2069	33	7 450 057	7 174 382
2031	34	7 008 695	6 638 302	2069	34	8 425 625	7 980 350
2031	35	7 098 908	6 739 727	2069	35	8 534 076	8 102 280
2032	19	3 544 422	3 304 291	2070	19	4 843 586	4 515 438
2032	20	4 582 596	4 419 871	2070	20	6 262 289	6 039 919

续表

年份	年龄	男/人	女/人	年份	年龄	男/人	女/人
2032	21	4 406 611	4 235 087	2070	21	6 021 800	5 787 406
2032	22	4 019 003	3 827 062	2070	22	5 492 119	5 229 824
2032	23	4 119 346	3 991 114	2070	23	5 629 240	5 454 007
2032	24	3 586 406	3 584 760	2070	24	4 900 959	4 898 709
2032	25	3 168 459	3 163 523	2070	25	4 329 818	4 323 073
2032	26	3 158 445	3 189 966	2070	26	4 316 133	4 359 208
2032	27	3 202 721	3 244 222	2070	27	4 376 639	4 433 351
2032	28	3 712 127	3 766 282	2070	28	5 072 761	5 146 766
2032	29	3 248 949	3 242 522	2070	29	4 439 811	4 431 028
2032	30	3 153 010	3 079 407	2070	30	4 308 707	4 208 125
2032	31	3 375 877	3 269 212	2070	31	4 613 262	4 467 501
2032	32	3 285 443	3 193 648	2070	32	4 489 681	4 364 240
2032	33	3 068 608	2 955 060	2070	33	4 193 369	4 038 201
2032	34	3 470 435	3 287 031	2070	34	4 742 480	4 491 851
2032	35	3 515 105	3 337 253	2070	35	4 803 524	4 560 481
2033	19	7 418 735	6 916 123	2071	19	8 521 078	7 943 783
2033	20	9 591 707	9 251 112	2071	20	11 016 930	10 625 726
2033	21	9 223 358	8 864 347	2071	21	10 593 849	10 181 492
2033	22	8 412 067	8 010 320	2071	22	9 662 008	9 200 566
2033	23	8 622 091	8 353 693	2071	23	9 903 239	9 594 960
2033	24	7 506 610	7 503 164	2071	24	8 622 011	8 618 053
2033	25	6 631 816	6 621 484	2071	25	7 617 231	7 605 365
2033	26	6 610 855	6 676 830	2071	26	7 593 156	7 668 935
2033	27	6 703 529	6 790 393	2071	27	7 699 600	7 799 371
2033	28	7 769 752	7 883 103	2071	28	8 924 253	9 054 446
2033	29	6 800 287	6 786 834	2071	29	7 810 736	7 795 284

续表

年份	年龄	男/人	女/人	年份	年龄	男/人	女/人
2033	30	6 599 481	6 445 423	2071	30	7 580 092	7 403 143
2033	31	7 065 956	6 842 699	2071	31	8 115 880	7 859 450
2033	32	6 876 671	6 684 538	2071	32	7 898 469	7 677 788
2033	33	6 422 821	6 185 157	2071	33	7 377 182	7 104 203
2033	34	7 263 874	6 879 995	2071	34	8 343 207	7 902 288
2033	35	7 357 372	6 985 114	2071	35	8 450 597	8 023 025
2034	19	3 825 584	3 566 405	2072	19	4 758 261	4 435 893
2034	20	4 946 111	4 770 478	2072	20	6 151 971	5 933 519
2034	21	4 756 166	4 571 036	2072	21	5 915 718	5 685 454
2034	22	4 337 811	4 130 644	2072	22	5 395 368	5 137 694
2034	23	4 446 113	4 307 710	2072	23	5 530 074	5 357 928
2034	24	3 870 899	3 869 122	2072	24	4 814 623	4 812 412
2034	25	3 419 798	3 414 470	2072	25	4 253 543	4 246 917
2034	26	3 408 989	3 443 010	2072	26	4 240 099	4 282 415
2034	27	3 456 778	3 501 570	2072	27	4 299 539	4 355 252
2034	28	4 006 592	4 065 043	2072	28	4 983 398	5 056 099
2034	29	3 506 672	3 499 735	2072	29	4 361 598	4 352 969
2034	30	3 403 123	3 323 681	2072	30	4 232 804	4 133 994
2034	31	3 643 669	3 528 543	2072	31	4 531 994	4 388 800
2034	32	3 546 061	3 446 985	2072	32	4 410 590	4 287 359
2034	33	3 312 026	3 189 471	2072	33	4 119 497	3 967 063
2034	34	3 745 728	3 547 775	2072	34	4 658 936	4 412 722
2034	35	3 793 942	3 601 981	2072	35	4 718 904	4 480 143
2035	19	7 688 979	7 168 058	2073	19	8 433 686	7 862 312
2035	20	9 941 107	9 588 105	2073	20	10 903 941	10 516 749

续表

年份	年龄	男/人	女/人	年份	年龄	男/人	女/人
2035	21	9 559 340	9 187 251	2073	21	10 485 199	10 077 071
2035	22	8 718 496	8 302 114	2073	22	9 562 915	9 106 205
2035	23	8 936 170	8 657 995	2073	23	9 801 672	9 496 555
2035	24	7 780 056	7 776 484	2073	24	8 533 584	8 529 666
2035	25	6 873 395	6 862 687	2073	25	7 539 109	7 527 364
2035	26	6 851 670	6 920 049	2073	26	7 515 281	7 590 282
2035	27	6 947 720	7 037 748	2073	27	7 620 633	7 719 381
2035	28	8 052 783	8 170 263	2073	28	8 832 726	8 961 584
2035	29	7 048 003	7 034 060	2073	29	7 730 629	7 715 335
2035	30	6 839 882	6 680 213	2073	30	7 502 350	7 327 217
2035	31	7 323 350	7 091 960	2073	31	8 032 644	7 778 843
2035	32	7 127 170	6 928 038	2073	32	7 817 463	7 599 045
2035	33	6 656 787	6 410 465	2073	33	7 301 522	7 031 343
2035	34	7 528 477	7 130 615	2073	34	8 257 639	7 821 242
2035	35	7 625 381	7 239 562	2073	35	8 363 928	7 940 741
2036	19	4 083 641	3 806 978	2074	19	4 669 462	4 353 111
2036	20	5 279 753	5 092 272	2074	20	6 037 164	5 822 788
2036	21	5 076 995	4 879 378	2074	21	5 805 320	5 579 352
2036	22	4 630 420	4 409 279	2074	22	5 294 680	5 041 815
2036	23	4 746 028	4 598 288	2074	23	5 426 873	5 257 939
2036	24	4 132 012	4 130 115	2074	24	4 724 773	4 722 604
2036	25	3 650 481	3 644 794	2074	25	4 174 164	4 167 661
2036	26	3 638 944	3 675 260	2074	26	4 160 971	4 202 497
2036	27	3 689 956	3 737 770	2074	27	4 219 301	4 273 975
2036	28	4 276 858	4 339 252	2074	28	4 890 398	4 961 743
2036	29	3 743 216	3 735 811	2074	29	4 280 202	4 271 735

续表

年份	年龄	男/人	女/人	年份	年龄	男/人	女/人
2036	30	3 632 683	3 547 882	2074	30	4 153 812	4 056 846
2036	31	3 889 454	3 766 562	2074	31	4 447 418	4 306 897
2036	32	3 785 262	3 679 503	2074	32	4 328 280	4 207 348
2036	33	3 535 440	3 404 618	2074	33	4 042 619	3 893 030
2036	34	3 998 398	3 787 092	2074	34	4 571 991	4 330 372
2036	35	4 049 864	3 844 954	2074	35	4 630 840	4 396 535
2037	19	7 933 912	7 396 397	2075	19	8 344 006	7 778 708
2037	20	10 257 782	9 893 534	2075	20	10 787 994	10 404 919
2037	21	9 863 853	9 479 911	2075	21	10 373 704	9 969 917
2037	22	8 996 224	8 566 578	2075	22	9 461 228	9 009 375
2037	23	9 220 832	8 933 796	2075	23	9 697 446	9 395 573
2037	24	8 027 890	8 024 204	2075	24	8 442 842	8 438 966
2037	25	7 092 347	7 081 298	2075	25	7 458 942	7 447 322
2037	26	7 069 931	7 140 488	2075	26	7 435 367	7 509 571
2037	27	7 169 040	7 261 936	2075	27	7 539 599	7 637 297
2037	28	8 309 305	8 430 527	2075	28	8 738 803	8 866 291
2037	29	7 272 518	7 258 130	2075	29	7 648 425	7 633 294
2037	30	7 057 767	6 893 011	2075	30	7 422 574	7 249 303
2037	31	7 556 635	7 317 875	2075	31	7 947 229	7 696 127
2037	32	7 354 206	7 148 731	2075	32	7 734 336	7 518 240
2037	33	6 868 839	6 614 671	2075	33	7 223 881	6 956 575
2037	34	7 768 297	7 357 761	2075	34	8 169 831	7 738 075
2037	35	7 868 288	7 470 179	2075	35	8 274 990	7 856 303
2038	19	4 314 585	4 022 276	2076	19	4 580 536	4 270 209
2038	20	5 578 341	5 380 258	2076	20	5 922 190	5 711 897

续表

年份	年龄	男/人	女/人	年份	年龄	男/人	女/人
2038	21	5 364 117	5 155 323	2076	21	5 694 761	5 473 097
2038	22	4 892 286	4 658 638	2076	22	5 193 847	4 945 797
2038	23	5 014 432	4 858 337	2076	23	5 323 521	5 157 805
2038	24	4 365 691	4 363 687	2076	24	4 634 792	4 632 665
2038	25	3 856 929	3 850 920	2076	25	4 094 670	4 088 291
2038	26	3 844 738	3 883 108	2076	26	4 081 728	4 122 463
2038	27	3 898 636	3 949 154	2076	27	4 138 948	4 192 580
2038	28	4 518 729	4 584 652	2076	28	4 797 264	4 867 250
2038	29	3 954 908	3 947 084	2076	29	4 198 689	4 190 382
2038	30	3 838 123	3 748 527	2076	30	4 074 705	3 979 586
2038	31	4 109 416	3 979 574	2076	31	4 362 720	4 224 875
2038	32	3 999 331	3 887 591	2076	32	4 245 850	4 127 222
2038	33	3 735 381	3 597 161	2076	33	3 965 630	3 818 890
2038	34	4 224 521	4 001 265	2076	34	4 484 920	4 247 903
2038	35	4 278 897	4 062 399	2076	35	4 542 649	4 312 806
2039	19	8 149 558	7 597 433	2077	19	8 254 010	7 694 809
2039	20	10 536 591	10 162 443	2077	20	10 671 638	10 292 695
2039	21	10 131 956	9 737 578	2077	21	10 261 817	9 862 384
2039	22	9 240 744	8 799 421	2077	22	9 359 182	8 912 202
2039	23	9 471 457	9 176 619	2077	23	9 592 852	9 294 235
2039	24	8 246 090	8 242 305	2077	24	8 351 780	8 347 946
2039	25	7 285 119	7 273 770	2077	25	7 378 492	7 366 998
2039	26	7 262 094	7 334 568	2077	26	7 355 171	7 428 575
2039	27	7 363 897	7 459 317	2077	27	7 458 280	7 554 923
2039	28	8 535 155	8 659 671	2077	28	8 644 549	8 770 662
2039	29	7 470 187	7 455 408	2077	29	7 565 932	7 550 964

续表

年份	年龄	男/人	女/人	年份	年龄	男/人	女/人
2039	30	7 249 599	7 080 365	2077	30	7 342 517	7 171 114
2039	31	7 762 027	7 516 777	2077	31	7 861 512	7 613 119
2039	32	7 554 095	7 343 036	2077	32	7 650 916	7 437 151
2039	33	7 055 536	6 794 459	2077	33	7 145 967	6 881 544
2039	34	7 979 442	7 557 747	2077	34	8 081 714	7 654 614
2039	35	8 082 150	7 673 221	2077	35	8 185 739	7 771 568
2040	19	4 515 829	4 209 886	2078	19	4 494 148	4 189 674
2040	20	5 838 531	5 631 208	2078	20	5 810 500	5 604 172
2040	21	5 614 315	5 395 782	2078	21	5 587 360	5 369 877
2040	22	5 120 477	4 875 931	2078	22	5 095 893	4 852 521
2040	23	5 248 319	5 084 944	2078	23	5 223 122	5 060 531
2040	24	4 569 320	4 567 222	2078	24	4 547 382	4 545 294
2040	25	4 036 827	4 030 538	2078	25	4 017 446	4 011 187
2040	26	4 024 068	4 064 228	2078	26	4 004 748	4 044 715
2040	27	4 080 479	4 133 354	2078	27	4 060 889	4 113 509
2040	28	4 729 496	4 798 493	2078	28	4 706 789	4 775 455
2040	29	4 139 376	4 131 187	2078	29	4 119 503	4 111 353
2040	30	4 017 144	3 923 369	2078	30	3 997 858	3 904 532
2040	31	4 301 091	4 165 193	2078	31	4 280 441	4 145 196
2040	32	4 185 872	4 068 919	2078	32	4 165 775	4 049 384
2040	33	3 909 610	3 764 943	2078	33	3 890 840	3 746 867
2040	34	4 421 565	4 187 895	2078	34	4 400 337	4 167 789
2040	35	4 478 477	4 251 881	2078	35	4 456 976	4 231 468
2041	19	8 335 011	7 770 322	2079	19	8 167 454	7 614 117
2041	20	10 776 364	10 393 702	2079	20	10 559 729	10 184 759

续表

年份	年龄	男/人	女/人	年份	年龄	男/人	女/人
2041	21	10 362 521	9 959 168	2079	21	10 154 205	9 758 961
2041	22	9 451 028	8 999 662	2079	22	9 261 036	8 818 744
2041	23	9 686 991	9 385 444	2079	23	9 492 256	9 196 771
2041	24	8 433 740	8 429 868	2079	24	8 264 198	8 260 404
2041	25	7 450 901	7 439 293	2079	25	7 301 117	7 289 743
2041	26	7 427 351	7 501 475	2079	26	7 278 041	7 350 675
2041	27	7 531 471	7 629 063	2079	27	7 380 068	7 475 698
2041	28	8 729 382	8 856 732	2079	28	8 553 897	8 678 687
2041	29	7 640 180	7 625 065	2079	29	7 486 591	7 471 780
2041	30	7 414 572	7 241 487	2079	30	7 265 519	7 095 913
2041	31	7 938 661	7 687 830	2079	31	7 779 072	7 533 283
2041	32	7 725 998	7 510 135	2079	32	7 570 684	7 359 161
2041	33	7 216 093	6 949 075	2079	33	7 071 030	6 809 380
2041	34	8 161 024	7 729 733	2079	34	7 996 964	7 574 344
2041	35	8 266 069	7 847 834	2079	35	8 099 898	7 690 071
2042	19	4 685 586	4 368 142	2080	19	4 408 531	4 109 858
2042	20	6 058 009	5 842 893	2080	20	5 699 805	5 497 409
2042	21	5 825 365	5 598 617	2080	21	5 480 917	5 267 576
2042	22	5 312 962	5 059 224	2080	22	4 998 812	4 760 077
2042	23	5 445 611	5 276 094	2080	23	5 123 617	4 964 124
2042	24	4 741 087	4 738 910	2080	24	4 460 751	4 458 703
2042	25	4 188 577	4 182 052	2080	25	3 940 910	3 934 771
2042	26	4 175 338	4 217 008	2080	26	3 928 455	3 967 660
2042	27	4 233 870	4 288 732	2080	27	3 983 526	4 035 144
2042	28	4 907 284	4 978 875	2080	28	4 617 121	4 684 479
2042	29	4 294 981	4 286 485	2080	29	4 041 023	4 033 029

续表

年份	年龄	男/人	女/人	年份	年龄	男/人	女/人
2042	30	4 168 154	4 070 854	2080	30	3 921 696	3 830 148
2042	31	4 462 775	4 321 768	2080	31	4 198 895	4 066 226
2042	32	4 343 225	4 221 876	2080	32	4 086 414	3 972 240
2042	33	4 056 578	3 906 472	2080	33	3 816 717	3 675 486
2042	34	4 587 778	4 345 324	2080	34	4 316 507	4 088 389
2042	35	4 646 830	4 411 716	2080	35	4 372 067	4 150 855
2043	19	8 489 284	7 914 144	2081	19	8 084 866	7 537 125
2043	20	10 975 825	10 586 080	2081	20	10 452 951	10 081 773
2043	21	10 554 322	10 143 504	2081	21	10 051 528	9 660 281
2043	22	9 625 958	9 166 238	2081	22	9 167 390	8 729 570
2043	23	9 866 289	9 559 160	2081	23	9 396 272	9 103 775
2043	24	8 589 841	8 585 897	2081	24	8 180 632	8 176 877
2043	25	7 588 810	7 576 988	2081	25	7 227 290	7 216 031
2043	26	7 564 825	7 640 321	2081	26	7 204 447	7 276 346
2043	27	7 670 872	7 770 270	2081	27	7 305 442	7 400 105
2043	28	8 890 955	9 020 663	2081	28	8 467 402	8 590 930
2043	29	7 781 593	7 766 198	2081	29	7 410 888	7 396 227
2043	30	7 551 809	7 375 521	2081	30	7 192 051	7 024 161
2043	31	8 085 599	7 830 125	2081	31	7 700 412	7 457 108
2043	32	7 868 999	7 649 141	2081	32	7 494 131	7 284 746
2043	33	7 349 657	7 077 697	2081	33	6 999 529	6 740 525
2043	34	8 312 077	7 872 803	2081	34	7 916 101	7 497 753
2043	35	8 419 067	7 993 090	2081	35	8 017 994	7 612 310
2044	19	4 825 225	4 498 320	2082	19	4 329 026	4 035 738
2044	20	6 238 549	6 017 022	2082	20	5 597 012	5 398 265

续表

年份	年龄	男/人	女/人	年份	年龄	男/人	女/人
2044	21	5 998 971	5 765 466	2082	21	5 382 071	5 172 578
2044	22	5 471 299	5 209 998	2082	22	4 908 661	4 674 231
2044	23	5 607 900	5 433 332	2082	23	5 031 215	4 874 598
2044	24	4 882 380	4 880 139	2082	24	4 380 303	4 378 292
2044	25	4 313 404	4 306 685	2082	25	3 869 838	3 863 809
2044	26	4 299 771	4 342 682	2082	26	3 857 607	3 896 105
2044	27	4 360 047	4 416 544	2082	27	3 911 684	3 962 372
2044	28	5 053 530	5 127 255	2082	28	4 533 854	4 599 997
2044	29	4 422 980	4 414 230	2082	29	3 968 145	3 960 295
2044	30	4 292 373	4 192 173	2082	30	3 850 970	3 761 073
2044	31	4 595 774	4 450 565	2082	31	4 123 170	3 992 894
2044	32	4 472 661	4 347 696	2082	32	4 012 717	3 900 603
2044	33	4 177 472	4 022 892	2082	33	3 747 884	3 609 201
2044	34	4 724 502	4 474 823	2082	34	4 238 661	4 014 657
2044	35	4 785 314	4 543 193	2082	35	4 293 219	4 075 996
2045	19	8 614 722	8 031 083	2083	19	8 004 020	7 461 756
2045	20	11 138 003	10 742 499	2083	20	10 348 425	9 980 959
2045	21	10 710 272	10 293 384	2083	21	9 951 016	9 563 681
2045	22	9 768 191	9 301 678	2083	22	9 075 719	8 642 277
2045	23	10 012 073	9 700 406	2083	23	9 302 312	9 012 740
2045	24	8 716 764	8 712 762	2083	24	8 098 828	8 095 111
2045	25	7 700 942	7 688 945	2083	25	7 155 019	7 143 872
2045	26	7 676 602	7 753 214	2083	26	7 132 404	7 203 585
2045	27	7 784 217	7 885 084	2083	27	7 232 390	7 326 106
2045	28	9 022 328	9 153 952	2083	28	8 382 731	8 505 024
2045	29	7 896 573	7 880 951	2083	29	7 336 782	7 322 267

续表

年份	年龄	男/人	女/人	年份	年龄	男/人	女/人
2045	30	7 663 395	7 484 501	2083	30	7 120 133	6 953 922
2045	31	8 205 071	7 945 823	2083	31	7 623 410	7 382 540
2045	32	7 985 271	7 762 164	2083	32	7 419 192	7 211 901
2045	33	7 458 255	7 182 276	2083	33	6 929 536	6 673 122
2045	34	8 434 896	7 989 131	2083	34	7 836 942	7 422 778
2045	35	8 543 467	8 111 196	2083	35	7 937 816	7 536 189
2046	19	4 937 413	4 602 908	2084	19	4 253 059	3 964 919
2046	20	6 383 598	6 156 920	2084	20	5 498 795	5 303 536
2046	21	6 138 449	5 899 515	2084	21	5 287 625	5 081 809
2046	22	5 598 508	5 331 132	2084	22	4 822 523	4 592 207
2046	23	5 738 286	5 559 658	2084	23	4 942 927	4 789 058
2046	24	4 995 897	4 993 603	2084	24	4 303 437	4 301 462
2046	25	4 413 692	4 406 816	2084	25	3 801 929	3 796 007
2046	26	4 399 742	4 443 651	2084	26	3 789 913	3 827 736
2046	27	4 461 420	4 519 230	2084	27	3 843 042	3 892 839
2046	28	5 171 027	5 246 465	2084	28	4 454 293	4 519 275
2046	29	4 525 815	4 516 862	2084	29	3 898 512	3 890 799
2046	30	4 392 172	4 289 642	2084	30	3 783 392	3 695 073
2046	31	4 702 627	4 554 042	2084	31	4 050 816	3 922 826
2046	32	4 576 652	4 448 781	2084	32	3 942 302	3 832 155
2046	33	4 274 599	4 116 426	2084	33	3 682 116	3 545 866
2046	34	4 834 348	4 578 864	2084	34	4 164 280	3 944 207
2046	35	4 896 574	4 648 824	2084	35	4 217 881	4 004 470
2047	19	8 714 243	8 123 862	2085	19	7 929 996	7 392 747
2047	20	11 266 675	10 866 602	2085	20	10 252 719	9 888 651

续表

年份	年龄	男/人	女/人	年份	年龄	男/人	女/人
2047	21	10 834 002	10 412 298	2085	21	9 858 986	9 475 233
2047	22	9 881 038	9 409 135	2085	22	8 991 784	8 562 351
2047	23	10 127 737	9 812 470	2085	23	9 216 281	8 929 387
2047	24	8 817 464	8 813 416	2085	24	8 023 928	8 020 244
2047	25	7 789 907	7 777 772	2085	25	7 088 847	7 077 804
2047	26	7 765 286	7 842 783	2085	26	7 066 442	7 136 964
2047	27	7 874 144	7 976 176	2085	27	7 165 502	7 258 352
2047	28	9 126 558	9 259 703	2085	28	8 305 204	8 426 366
2047	29	7 987 798	7 971 996	2085	29	7 268 929	7 254 548
2047	30	7 751 926	7 570 966	2085	30	7 054 284	6 889 609
2047	31	8 299 860	8 037 617	2085	31	7 552 906	7 314 263
2047	32	8 077 521	7 851 837	2085	32	7 350 576	7 145 203
2047	33	7 544 416	7 265 250	2085	33	6 865 449	6 611 406
2047	34	8 532 340	8 081 426	2085	34	7 764 464	7 354 130
2047	35	8 642 165	8 204 900	2085	35	7 864 405	7 466 492
2048	19	5 024 880	4 684 449				
2048	20	6 496 685	6 265 991				
2048	21	6 247 193	6 004 027				
2048	22	5 697 687	5 425 574				
2048	23	5 839 941	5 658 149				
2048	24	5 084 400	5 082 066				
2048	25	4 491 882	4 484 884				
2048	26	4 477 685	4 522 371				
2048	27	4 540 455	4 599 290				
2048	28	5 262 633	5 339 407				
2048	29	4 605 991	4 596 879				

续表

年份	年龄	男/人	女/人	年份	年龄	男/人	女/人
2048	30	4 469 981	4 365 634				
2048	31	4 785 935	4 634 718				
2048	32	4 657 728	4 527 592				
2048	33	4 350 325	4 189 349				
2048	34	4 919 990	4 659 980				
2048	35	4 983 318	4 731 179				

后　记

　　社会保险作为中长期政策会产生隐性债务。为了解决和防范这个问题，世界各国都将社保资金纳入公共预算进行管理。2010年，在"全口径"预算管理财政改革的背景下，中国也开始尝试将社保收支统一纳入国家预算，平衡基金账户，控制隐性债务规模。但由于社保制度和预算管理上的问题，中央和地方的社保预算备受挑战。本书是在国家自然科学基金委员会青年项目资金的支持下对这一问题的研究。整个研究耗费4年，在这一过程中，需要重新学习新模型且需要进行大量的田野调查，其间遭遇新冠肺炎疫情，导致田野调查停滞且未能取得更加充分的资料，研究过程中的困惑与难处只能自己体会，但是同时也学习了很多知识并进一步理解了真实世界。

　　在这一过程中，感谢我的研究生吴雨芯和李佳搜集、查找并整理了社保基金预算相关的原始数据。该过程相当烦琐和耗时。这两位研究生不辞辛苦地查阅和比对各种文件、数据报表，核对和整理大量的数据及其来源的正当性和权威性，这都为本书的精算模型分析奠定了基础。同时，我也非常感谢在这一过程中为我提供帮助的众多本科生，由于整个项目耗时较长，人数众多，很多参与其中的学生并未留下姓名。在这一过程中，许多学生也已毕业，所以，也请恕我不能一一提名感谢，但他们的帮助我永留心中，是他们为我这本书奠定了前期的数据工作。

感谢国家自然科学基金委给予我的项目支持，让我能够顺利完成这一研究工作。当然，除了国家自然科学基金委的青年项目支持，我也深切地感谢西南政法大学政治与公共管理学院和公共管理学科为我提供的项目支持，这些项目包括重庆市"十四五"重点一级学科公共管理学、国家级一流本科专业建设点"行政管理"与"重庆市政府治理研究生导师团队"等。

张　岚

2022年3月于重庆